实用农村环境保护知识丛书

城乡一体化
供水技术与管理

舒诗湖　戚雷强　赵　欣　杨　坤　赵由才　编著

北　京
冶　金　工　业　出　版　社
2019

内 容 提 要

本书详细介绍了城乡一体化供水技术与管理，全书共分八章，包括：城乡一体化供水的含义和研究重点，城乡一体化供水规划，城乡一体化水厂建设，管网检测评估与更新改造，管网漏损控制与分区计量，城乡一体化供水保障技术，城乡一体化供水信息化管理，城乡一体化供水建设工程案例。

本书可供在农村政府部门、水务装备制造企业、环保设计单位的技术人员和环境监督管理人员使用，也可供高等学校和高职高专院校有关师生参考。

图书在版编目(CIP)数据

城乡一体化供水技术与管理/舒诗湖等编著.—北京：冶金工业出版社，2019.1

（实用农村环境保护知识丛书）

ISBN 978-7-5024-7867-4

Ⅰ.①城…　Ⅱ.①舒…　Ⅲ.①城乡一体化—供水管理
Ⅳ.①F294.1

中国版本图书馆 CIP 数据核字（2018）第 264556 号

出 版 人　谭学余
地　　址　北京市东城区嵩祝院北巷 39 号　邮编　100009　电话　(010)64027926
网　　址　www.cnmip.com.cn　电子信箱　yjcbs@cnmip.com.cn
责任编辑　杨盈园　美术编辑　彭子赫　版式设计　孙跃红
责任校对　王永欣　责任印制　李玉山

ISBN 978-7-5024-7867-4

冶金工业出版社出版发行；各地新华书店经销；三河市双峰印刷装订有限公司印刷
2019 年 1 月第 1 版，2019 年 1 月第 1 次印刷
169mm×239mm；10 印张；195 千字；148 页

44.00 元

冶金工业出版社　投稿电话　(010)64027932　投稿信箱　tougao@cnmip.com.cn
冶金工业出版社营销中心　电话　(010)64044283　传真　(010)64027893
冶金工业出版社天猫旗舰店　yjgycbs.tmall.com

（本书如有印装质量问题，本社营销中心负责退换）

序　言

据有关统计资料介绍，目前中国大陆有县城1600多个：其中建制镇19000多个，农场690多个，自然村266万个（村民委员会所在地的行政村为56万个）。去除设市县级城市的人口和村镇人口到城市务工人员的数量，全国生活在村镇的人口超过8亿人。长期以来，我国一直主要是农耕社会，农村产生的废水（主要是人禽粪便）和废物（相当于现在的餐厨垃圾）都需要完全回用，但现有农村的环境问题有其特殊性，农村人口密度相对较小，而空间面积足够大，在有限的条件下，这些污染物，实际上确是可循环利用资源。

随着农村居民生活消费水平的提高，各种日用消费品和卫生健康药物等的广泛使用导致农村生活垃圾、污水逐年增加。大量生活垃圾和污水无序丢弃、随意排放或露天堆放，不仅占用土地，破坏景观，而且还传播疾病，污染地下水和地表水，对农村环境造成严重污染，影响环境卫生和居民健康。

生活垃圾、生活污水、病死动物、养殖污染、饮用水、建筑废物、污染土壤、农药污染、化肥污染、生物质、河道整治、土木建筑保护与维护、生活垃圾堆场修复等都是必须重视的农村环境改善和整治问题。为了使农村生活实现现代化，又能够保持干净整洁卫生美丽的基本要求，就必须重视科技进步，通过科技进步，避免或消除现代生活带来的消极影响。

多年来，国内外科技工作者、工程师和企业家们，通过艰苦努力和探索，提出了一系列解决农村环境污染的新技术新方法，并得到广泛应用。

鉴于此，我们组织了全国从事环保相关领域的科研工作者和工程技术人员编写了本套丛书，作者以自身的研发成果和科学技术实践为出发点，广泛借鉴、吸收国内外先进技术发展情况，以污染控制与资源化为两条主线，用完整的叙述体例，清晰的内容，图文并茂，阐述环境保护措施；同时，以工艺设计原理与应用实例相结合，全面系统地总结了我国农村环境保护领域的科技进展和应用技术实践成果，对促进我国农村生态文明建设，改善农村环境，实现城乡一体化，造福农村居民具有重要的实践意义。

赵由才
同济大学环境科学与工程学院
污染控制与资源化研究国家重点实验室
2018 年 8 月

前　言

随着我国城乡经济的发展，城乡一体化供水的主要矛盾体现为日益增长的供水需求和供水服务能力不均衡以及日益提高的水质要求和水源水质日益恶化的矛盾。矛盾的解决需要通过城乡一体化供水的建设，使乡镇农村供水水质与城市同步提高，实现城乡一体化供水，促进我国经济社会的可持续发展和社会主义和谐社会的构建。因此，本书主要以上海为例，介绍上海在城乡一体化供水保障方面实现的多项技术突破，包括多级加氯消毒技术、管道冲洗技术和非开挖修复、供水信息化管理等，该技术具有一定的经济和社会价值。希望本书的出版能够为相关部门提供理论和经验支持，为政府部门、水务企业、设计单位城乡一体化供水决策、设计、建设和运行方面提供借鉴和指导。

本书在编写过程中，受到上海市自来水奉贤有限公司的大力支持，同时得到国家水专项课题（2012ZX07403-002）的资助和南方水中心的支持。本书主编人员有舒诗湖、戚雷强、赵欣、杨坤和赵由才，参编人员有南方水中心管网课题组的严棋、耿冰、刘辛悦和王婷婷，部分参与编写和校核的人员还有张东、张立尖、信昆仑、胡群芳、鲍月全、袁文麒、陈小明、赵洪斌、安淑萍、胡玲、张静、阮久丽、李云、张志浩、朱佳华、陈钟珉、吴潇勇、朱斌、沈元静、陶骏、李宁、韩冰、蒋宝发、周莹莹、刘素芳、闻劼慧、王飞、黄慧、周涛、黄晟、张丹轶、田林、阮辰旼、孙丽华、李佳佳、曹徐齐、魏雨晴等。

希望本书的出版能够为我国城乡一体化供水的发展起到推动和促进作用。

由于作者水平所限，书中不足之处，欢迎广大读者批评指正。

作　者

2018年8月

目　　录

1　概述 …… 1
1.1　城乡一体化供水含义 …… 1
1.2　城乡一体化供水模式 …… 2
1.2.1　区域性集中供水模式 …… 2
1.2.2　分散供水集中管理模式 …… 2
1.3　城乡一体化供水研究重点 …… 3
1.3.1　城乡一体化系统优化布局 …… 3
1.3.2　城乡一体化供水管网管理 …… 3
1.3.3　城乡一体化供水区域供水管理模式与机制 …… 3

2　城乡一体化供水规划 …… 5
2.1　城乡一体化供水规划的影响因素 …… 5
2.1.1　城市规划 …… 5
2.1.2　水源 …… 5
2.1.3　地形地貌 …… 6
2.1.4　其他因素 …… 6
2.2　城乡一体化供水规划原则 …… 7
2.2.1　统筹协调，和谐发展 …… 7
2.2.2　整体规划，有序推进 …… 7
2.2.3　因地制宜，优化配置 …… 7
2.2.4　市场运作，政府推动 …… 7
2.2.5　城乡平等，双向互动 …… 7
2.3　城乡一体化供水规划方案 …… 8
2.3.1　水量预测与供需平衡分析 …… 8
2.3.2　水源规划 …… 9
2.3.3　水厂规划 …… 11
2.3.4　管网布局 …… 12
2.3.5　供水管理 …… 17
2.4　城乡一体化供水规划——以上海市为例 …… 17

2.4.1 现状分析及存在问题 …… 18
2.4.2 供水分区 …… 19
2.4.3 用水量预测 …… 19
2.4.4 水源规划 …… 19
2.4.5 水厂规划 …… 19
2.4.6 管网规划 …… 20
2.4.7 与农村饮水安全工程的衔接 …… 20
2.4.8 供水管理规划 …… 20

3 城乡一体化水厂建设 …… 22
3.1 农村地区乡镇水厂存在问题 …… 23
3.1.1 水源污染问题 …… 23
3.1.2 供水水质指标超标 …… 23
3.1.3 供水工艺和设备落后 …… 23
3.1.4 管理水平不足 …… 24
3.1.5 缺乏统筹规划 …… 24
3.2 城乡一体化水厂改造 …… 24
3.2.1 水厂改造原则 …… 25
3.2.2 水厂改造工艺 …… 25
3.2.3 针对不同污染物的工艺选择 …… 26
3.3 生物处理与深度处理技术 …… 28
3.3.1 生物预处理 …… 28
3.3.2 深度氧化技术 …… 28
3.3.3 活性炭工艺 …… 29
3.3.4 臭氧—生物活性炭工艺 …… 29
3.3.5 膜处理技术 …… 30

4 管网检测评估与更新改造 …… 32
4.1 管道检测与检漏 …… 32
4.1.1 供水管道检测 …… 32
4.1.2 管道漏点检测 …… 33
4.2 管道评估方法 …… 34
4.3 管网更新改造与二次供水改造 …… 38
4.3.1 管网更新改造 …… 38
4.3.2 上海市二次供水改造 …… 39

4.4　管道漏损检测案例与评估应用 …… 41
4.4.1　Permanet+区域漏损普查系统 …… 42
4.4.2　智能球技术 …… 44
4.4.3　Sahara Ⅱ技术 …… 46
4.5　管道检测评估技术的优劣评价 …… 50

5　管网漏损控制与分区计量 …… 52
5.1　漏损评估方法 …… 52
5.1.1　自上而下的评估方法 …… 52
5.1.2　自下而上的评估方法 …… 52
5.2　漏损控制方法 …… 54
5.2.1　压力控制 …… 54
5.2.2　漏失检测定位 …… 55
5.2.3　管道更新改造 …… 55
5.2.4　提高维修速度 …… 56
5.3　分区计量 …… 56
5.3.1　区域计量全过程管理 …… 57
5.3.2　分区划分和级别 …… 57
5.3.3　独立计量区 …… 58
5.3.4　DMA 分区方案设计 …… 59
5.3.5　DMA 数据的采集分析 …… 63

6　城乡一体化供水保障技术 …… 65
6.1　城乡一体化供水模式下的多级加氯技术 …… 65
6.1.1　余氯衰减模型研究的意义 …… 65
6.1.2　给水管网余氯模型建立原理 …… 65
6.1.3　水质模型前期准备工作 …… 68
6.1.4　水质模型初始条件 …… 70
6.1.5　水质模型的建立与校核 …… 73
6.1.6　二次加氯问题研究 …… 76
6.2　管道冲洗技术 …… 82
6.2.1　化学药剂法 …… 83
6.2.2　机械刮管法 …… 83
6.2.3　炮弹法 …… 83
6.2.4　水力清洗法 …… 84

6.2.5 高压射流法 …… 85
6.2.6 多相流管道冲洗法 …… 86
6.2.7 几种管道清洗方法对比 …… 87
6.3 管道非开挖修复技术 …… 88
6.3.1 管道修复的意义 …… 88
6.3.2 反转法内衬软管 …… 88
6.3.3 内衬管法 …… 88
6.3.4 纤维布法 …… 90
6.3.5 水泥砂浆涂衬 …… 90
6.3.6 水泥砂浆衬里对供水水质的影响 …… 91
6.3.7 环氧树脂涂衬 …… 91
6.3.8 聚脲涂衬 …… 94

7 城乡一体化供水信息化管理 …… 95
7.1 供水信息化常用软件介绍 …… 95
7.1.1 SCADA 系统 …… 95
7.1.2 GIS 系统 …… 96
7.1.3 调度运行管理系统 …… 96
7.1.4 管网水力水质模型系统 …… 97
7.2 中小城镇管网模型构建 …… 97
7.2.1 管网水力计算原理 …… 98
7.2.2 供水管网建模方法 …… 100
7.2.3 管网模型校验 …… 103
7.3 二次供水信息化 …… 105
7.3.1 二次供水信息化背景 …… 105
7.3.2 二次供水硬件监测系统 …… 105
7.3.3 二次供水信息化管理系统 …… 106
7.3.4 手机 App 软件在二次供水方面的应用 …… 108

8 城乡一体化供水建设工程案例 …… 109
8.1 上海市城乡一体化水源地建设案例 …… 109
8.1.1 黄浦江上游水源地存在的主要问题 …… 109
8.1.2 黄浦江上游水源地规划 …… 110
8.1.3 黄浦江上游水源地建设效果 …… 111
8.2 上海市城乡一体化供水系统案例 …… 111

8.2.1　水量预测及供需水量平衡分析 …… 112
8.2.2　城乡一体化供水系统改造概述 …… 114
8.2.3　城乡一体化管网布置改造 …… 115
8.3　供水管网水质安全多级保障与漏损控制案例 …… 118
8.3.1　管道气水冲洗示范工程建设与运行 …… 118
8.3.2　供水管网产销差控制示范工程建设与运行 …… 119
8.3.3　供水管网非开挖原位修复示范工程建设与运行 …… 122
8.3.4　供水系统优化布局示范工程建设与运行 …… 125

水污染防治行动计划 …… 131

参考文献 …… 146

1 概　　述

城乡一体化供水就是要把城市与乡村、城镇居民与农村居民作为一个整体，将郊区农村分散的、独立的、简陋的、自建自管的供水模式转变为集中的、联网的、科学的、现代化的、集约化的供水模式，促进城乡供水协调发展和满足社会经济增长和提高人民生活水平。

城乡统筹供水是对水资源进行高效配置，实施原水统筹、水厂归并、一网调度、规模经营、优质服务的自来水供应方式。推进郊区乡村城乡一体化供水有利于强化水资源的统一管理和提高水资源利用效率和效益，改善供水水质和提供优质服务，促进经济社会的可持续发展。

1.1　城乡一体化供水含义

所谓城乡一体化，是通过城市与农村的共同发展来实现经济繁荣与社会进步的统筹规划。具体来说，就是为了促进城乡的共同发展，以先发展起来的城市工业带动相对发展缓慢的农村地区，工业反哺农业，通过农村就地城镇化，解决农村的富余劳动力，充分发挥农村的各种优势，以“三农问题”为出发点加快新农村建设，实现“以工补农，以城带乡”的全面发展，逐步消除城乡发展不平衡的状态。事实上，城乡一体化说到底就是一个统筹发展的问题，工业是经济发展的核心，但农业是经济发展的基础。服务业作为新兴产业，不管是在城市还是在农村，都有发展的潜力和空间，这就需要共同对城乡进行统筹规划，使得城乡同胞共享发展所带来的果实，促使政治、经济、文化、生态等方面协调发展，城乡一体化不等于城乡一个样的发展，也不是消除城乡差异，而是实现城乡和谐发展，使城乡发展处于一种平衡的状态。

要实现城乡一体化，实现城市农村共同发展繁荣，我国政府应该制定相关的政策、法规，扶持农村发展现代农业经济，打破城乡二元结构，缩小城乡差距，在经济上给以支持，在政策上给以扶持，以农村经济发展为基础，实现城乡融合。城乡一体化涉及城乡空间结构变化、经济结构变化、社会结构变化、人口结构变化、生态结构变化等诸多方面，在经济发展的过程中，城市支持农村，农村服务城市，使得城乡发展平衡，在生产生活方式以及居住环境层面达到和谐统一，协调城乡在生态文明、社会发展、经济生活等方面的不平衡状态，最终达到一体化发展的目的。

城乡一体化供水是统筹城乡发展、切实提高居民生活水平的重要工程，是整合行业资源、实现资源优化配置的必然途径。城乡供水系统是保障城市社会经济发展和提高人民生活质量的主要基础设施。要促进社会经济的可持续发展，必须大力发展区域供水工程，扩大供水范围，提高供水普及率，以发挥中心城市、县（市）二级城市供水设施的辐射作用，逐步解决城镇发展中的供水基础设施薄弱和农村饮水难等问题。全面实施区域供水工程，有利于稳定地改善社会投资环境，对于解决乡镇供水水质差，实现乡镇、农村连续供水，提高人民生活水平，充分利用和保护水资源，都具有重要意义。

城乡一体化供水通过集约化的方法对水资源进行高效配置，在流域协调的框架内，实现原水统筹、水厂归并、一网调度、规模经营、优质服务的自来水供应方式，是解决我国目前城乡供水发展不均衡、保障城乡优质供水和环境安全的重要途径。

1.2 城乡一体化供水模式

一般情况下，城乡供水包含两种模式：区域性集中供水模式与分散供水集中管理模式。

1.2.1 区域性集中供水模式

城乡一体化供水的最主要模式就是区域性供水，利用现代化以及科学化的方式实现区域性供水的有效性，以确保供水水质及供水效益。以区域性供水为基础，摸清水源的基本情况，包括属于哪个水系、周围环境、地理区划等，切实保障在城市供水的基础上能够满足农村居民用水的需求，这是其基本特性。连接是实现此模式通常采用的方法，通过把区域内所有净水企业及供水厂以整体开发及统一分配的原则建成一个系统，实现供水的网络化与整体化。

在区域性集中供水模式下，供水区域内的自来水厂相对集中，输配水管道连成整体，统一进行供水调度和管理。一般在中心城区及其周边的乡镇、聚居密度相对较高地区或可作为饮用水水源的水域较少的情况下，采用区域性集中供水模式。

1.2.2 分散供水集中管理模式

分散供水集中管理模式是指各自来水厂和供水管网自成系统，独立净水和供水，各系统之间没有直接联系，但整个供水范围内实行统一管理，水厂规模和供水区域由管理机构确定的一种供水模式。一般可在饮用水水源水域较多、聚居区分散、统一供水输配水管线太长的情况下采用该模式。例如农村山区的一些小、中型供水设施，多自成系统。然而在管理层面，其可以跨越相应的城乡一体化，是我国现代化和城市化发展的一个新阶段。

1.3　城乡一体化供水研究重点

1.3.1　城乡一体化系统优化布局

针对城市、乡镇一体化供水后，供水厂位置、管网布置模式等方面，可重点研究如下问题：

（1）以扩建原有城市水厂，废弃周围乡镇水厂为主的集中式供水模式的适用条件、管网布局特点、供水方式优缺点。

（2）以新建、扩建原有乡镇水厂为主的多水源协同供水模式的适用条件、供水系统布局特点、供水方式优缺点。

（3）研究城乡一体化供水管网的压力分区特征与城乡管网区域间的压力衔接关系，提出适合城乡一体化供水管网的增压和调蓄模式，特别是有利于压力稳定和节能的增压泵站、小区泵站和现有水塔布置模式及城乡一体化供水管网的最优压力调控与节能降耗方法。

1.3.2　城乡一体化供水管网管理

针对目前城乡一体化供水区域供水设施设置不合理、存在潜在水质隐患等问题，以管网龙头水的水质安全保障为目标，研究城乡一体化供水模式下，管网及二次供水设施的管理。重点开展以下几个方面：

（1）以城乡一体化供水管网运行的可靠性、经济性为主要目标，针对城乡一体化供水管网集约化建设阶段的规划设计问题开展研究，分析城乡一体化供水管网用水量分布时空模式和管网结构、水力不均匀性特征，建立有利于提高供水可靠性和水质保障能力的净水厂优化布置、管网优化设计技术方法，探讨适用于城乡一体化供水特征的管理模式与机制。

（2）城乡一体化供水管网水质二次污染风险研究。针对城乡一体化供水距离长、末梢水质风险突出的特征以及城乡供水潜在的水质风险隐患，研究分析市政供水管网末端的水质水平以及二次供水设施的进水、出水条件和内部混合状态，评价供水水质二次污染的风险。

（3）城乡一体化供水管网二次供水管理模式研究。从供水需求和水质保障出发，提出适用于城乡一体化供水地区二次供水管理模式，并从投资、电耗、水质二次污染、供水安全可靠性等方面进行经济分析评价。

1.3.3　城乡一体化供水区域供水管理模式与机制

针对城乡一体化供水区域缺乏科学的城乡一体化供水管理模式，重点开展以下几方面：

（1）针对城乡一体化供水覆盖范围广，尤其在乡镇区域内对供水监管薄弱等问题，研究城乡一体化的安全供水模式和城市支持乡镇饮用水安全保障的新机制。

（2）城乡一体化供水的多元化体制研究。针对各个系统相对独立，独立的取水、制水、输配和销售，网络不连通，水价各异的情况，建立集中管理，研究建立“一司两制”的多元化供水体制。

（3）城乡一体化供水政策与机制研究来解决城乡一体化供水中基础设施建设和投入的机制以及水价和成本问题。

（4）城乡一体化管理模式的应用与示范，有效解决郊区乡镇特有的“点多、线长、面广”的情况。

城乡一体化供水主要目的是要把城市与乡村、城镇居民与农村居民作为一个整体，统筹谋划、综合研究，通过体制改革和政策调整，以期促进城乡在供水系统规划建设、保障供水安全、提高供水水质、优化供水成本、改善供水服务发展的一体化，改变长期形成的城乡二元管理结构，让乡村居民享受到与城镇居民同样优质的水质和服务，最终实现整个城乡经济社会全面、协调、可持续发展。加强城乡一体化供水工作的组织、协调和推进，“五措并举”，推进城乡一体化供水这一民生实事工程。全面推进城乡统筹供水，实现城乡供水公共服务的均衡化，让城市居民和乡村农民都能喝上更安全、更优质的自来水。

2 城乡一体化供水规划

城乡一体化供水就是把城市与乡镇作为一个整体进行统筹规划，改变长期形成的城乡二元管理结构，通过体制改革和政策调整，促进城乡在供水系统规划建设、保障供水安全、提高供水水质、优化供水成本、改善供水服务发展的一体化建设，让乡镇居民享受到与城市居民同样优质的水质和服务，实现整个城乡社会的全面、协调、可持续发展。

2.1 城乡一体化供水规划的影响因素

城乡一体化供水的核心思想是将城市供水管网向乡镇延伸，保证城乡供水同管网、同水质。但是，鉴于乡镇水厂水源及管网水质均与安全卫生标准差距较大，以乡镇水厂为主的小区域分块供水模式的弊端日益显现，迫切需要按照城乡一体化供水要求，消除乡镇供水安全隐患，提高居民生活质量。城乡一体化供水规划的影响因素有城市规划、水源地情况、地形地貌、用地规划、供电条件以及当地经济水平、建设投资等。

2.1.1 城市规划

城市规划确定了城市的发展规模、城市功能分区和城市动态发展计划，同时又确定了某些与给水系统设计密切相关的数据和标准，如规划人口数、工业生产规模、建筑标准等。城市建设规划在时间维度上的分期发展规划，是供水工程的选择和分期建设规划的依据。

因此，城市总体规划是供水规划的基础，也是技术比较、经济分析的依据。根据城市发展和水源水质变化制定的城市供水工程规划既要符合城市规划的基本要求，又要对城市规划进行补充和完善。

2.1.2 水源

任何供水系统，都会因水源种类、分布位置，以及水源地的取水水位标高、水源水文及其变化情况、水质条件的不同，影响到取水构筑物的施工和给水系统选择。例如，取水口的地形地质不具备取水施工要求，需要另选取水位置时，将直接影响到给水系统的布置。随着国民经济发展，用水量日益增多，水体污染日趋严重，很多城市或工矿企业因就近缺乏水质较好、水量充沛的水源，必须采用跨流域、远距离取水。这不仅增加了给水工程的成本，而且也增加了工程的难度。

当地下水比较丰富时，则可在城市上游或在给水区域内开凿管井或大口井，井水经消毒后，由泵站加压经管网输入配至用户端。以地表水为水源时，一般从流经城市或工业区的河流上游取水。若水源所处位置适宜采取重力输水，可考虑省去一级泵站或二级泵站。以水库为水源时，也可考虑利用高程以重力输水，可降低能耗费用。

城市附近的水源丰富时，往往随着用水量的增长而逐步发展成为多水源供水模式，互为备用水源，保障供水的安全性。从不同位置向管网供水，可以从几条河流取水，或从一条河流的不同部位取水，或同时取用地表水和地下水等。多水源供水模式便于分期发展，供水较为可靠，管网内水压也较为均匀。虽然随着水源的增多，设备和管理工作相应增加，但与单一水源相比，多水源供水通常具有经济合理性，供水的安全性也大大提高。

2.1.3 地形地貌

地形地貌主要指从水源到城市以及城市规划区域一带的地形、地貌情况。结合城市规划，地形地貌影响输水管线路径、水厂位置、调蓄构筑物和泵站的设置、配水管网的布局分区等。地形地貌还影响工程施工的难易程度，从而影响到系统的选择。

中小城市如地形比较平坦，而工业用水量小、对水压又无特殊要求时，可用单一给水系统；大中城市被河流分隔时，两岸工业和居民用水一般先分别供给，自成给水系统，随着城市的发展，可考虑将两岸管网相互沟通，成为多水源的给水系统；地形起伏较大或城市各区相隔较远时，比较适合采用分区给水系统。当水源地与供水区域有地形高差可以利用时，应对重力输配水和加压输配水系统进行经济比较，择优选用。取用地下水时，遵循就近凿井取水的原则，采用分区的供水系统，便于分期建设以节省投资费用。

2.1.4 其他因素

影响供水工程规划的其他因素还包括：用地规划、供电条件以及建设投资等；在进行城乡供水系统规划时，同时还应充分考虑对原有设施和构筑物的利用。

结合当地实际情况，如城市地形起伏大或供水范围广时，可采用分区或分压供水系统；根据城市水源状况、总体规划布局和用户对水质的要求，可采用分质供水系统；大、中城市有多水源可供利用时，宜采用多水源供水系统。条件允许时，还可考虑诸如近期重力、压力分区，远期高、低压分区的供水模式。因此，在城乡一体化供水规划时，应从实际出发，结合城乡用水需求，统筹规划。

2.2 城乡一体化供水规划原则

2.2.1 统筹协调，和谐发展

以全面、协调、可持续的发展观为指导，逐步实现区域经济、社会和人文的协调发展。统筹考虑规划范围内的水资源和环境承载能力，重点协调好资源的开发、利用和保护工作，发挥供水工程的环境效益、社会效益和经济效益，近、远期相结合，保障城乡用水安全。

2.2.2 整体规划，有序推进

从经济社会可持续发展的战略高度，构建城乡一体化供水体系，全面提高区域供水系统的协作程度，遵循开发建设的时序性，坚持整体规划、分期建设的原则，将城市与乡村共同纳入区域供水网络系统，统一进行供水协调配置，有选择有重点地建设城乡一体化供水工程。

2.2.3 因地制宜，优化配置

由于各地自然条件与经济条件都存在较大差异，所以城乡一体化供水建设的推进需要因地制宜，从实际出发。在地形有利的地区，相对于各自独立发展的系统，在一定区域范围内集中建设更为合理，不便于集中建设的地区，应因地制宜的分散建设，实现资源的充分利用和优化配置。

2.2.4 市场运作，政府推动

充分发挥市场机制在城乡一体化供水系统建设中的作用，在遵循市场规律的前提下，强化政府的宏观规划和组织协调职能，使市场牵引力与政府支持力有机结合。各级政府应立足制度创新，加大改革力度，减少体制障碍，尽快建立起有利于促进城乡一体化供水发展的体制支持系统。

2.2.5 城乡平等，双向互动

以城乡平等，即城乡“等值化”，以城乡融合、平等发展、共同繁荣为目标，使乡村在生活质量上与城市逐渐消除差异，坚持城乡同质供水的原则。同时，充分利用城乡之间在资源上的互补性，实现城乡结合、良性互动，共同推进城乡一体化供水建设。

2.3 城乡一体化供水规划方案

2.3.1 水量预测与供需平衡分析

供水规划首先需对近、远期用水量进行合理预测，结合当地现状以及城乡一体化规划发展特点，对包括生活用水、工业用水、公共设施用水、消防和绿化用水：未预见水量及管网漏损水量在内的需水量，以及远期规划用水量进行科学预测，并针对城乡所在区域进行水资源与城乡用水量之间的供需平衡分析，即预测用水量和水资源可利用量之间的平衡，设计与之相适应的水源格局、供水设施和管网系统布局框架，提高区域供水能力及供水安全，保障用水需求。

2.3.1.1 预测方法

城市用水总量常用预测方法有：分类用水估算法、人均综合用水量指标法、单位用地面积法、人均生活用水量指标法、单位用地面积法和年递增率法等。几种预测方法的对比见表 2-1。

表 2-1 预测方法优缺点比较表

名 称	研究方法	优 点	缺 点
分类用水估算法	各类用水量的总和，最常用的分类是分成综合生活用水、工业企业用水、消防用水、市政用水、未预见及管网漏损用水量五类	算出一类以上，再采用相关比例，计算出其他类	要分类计算出用水量，需要结合采用人均综合用水量指标法或者单位用地面积法
人均综合用水量指标法	规划期内人均用水标准，再乘以规划人口数，则得到城市用水总量。需要单位人口综合用水量指标。合理确定单位人口综合用水量指标是该方法的关键	较简便	指标选取易产生误差，准确度较低
单位用地面积法	根据规划城市的用地规模，推求出城市用水总量。需要单位用地用水量指标	可深入预测地块用水量，如指标选取准确，用水量预测准确度高	指标选取较复杂
年递增率法	根据历年用水能力的年递增率，并考虑经济发展的速度，选定用水的递增函数，再由现状用水量，推求出规划期的用水量	较简便	要考虑经济社会发展等其他因素，易产生误差。需要现状资料完整

续表 2-1

名 称	研究方法	优 点	缺 点
人均生活用水量指标法	根据规划人口数，推求出居住用地的生活用水总量。需要人均生活用水量指标	能准确预测居住用地的生活用水量。减少容积率大小对水量预测的影响	指标选取较复杂
单位建筑面积用水量指标法	根据建筑面积，推求出用水量。需要单位建筑面积用水量指标	能准确预测有建筑面积的用地的用水量。减少容积率大小对水量预测的影响	指标选取较复杂。规划阶段适用的范围相对较小

2.3.1.2 适用范围

分类用水预测法和年递增率法适用于城市总体规划；单位人口综合用水量指标法适用于城市总体规划、分区规划的用水量预测；单位用地面积法适用于分区规划、控制性详细规划等明确用地指标规划阶段的用水量预测；人均生活用水量指标法适用于控制性详细规划，要求已明确居住用地指标相对应的居住人口；单位建筑面积用水量指标法适用于控制性详细规划，要求已明确用地的建筑面积。不同类型指标应用表见表 2-2。

表 2-2 不同类型指标应用表

指标类别	适用规划阶段
分类用水估算法	总体规划
人均综合用水量指标法	总体规划、分区规划
单位用地面积法	分区规划、控制性详细规划
人均生活用水量指标法	控制性详细规划
单位建筑面积用水量指标法	控制性详细规划
年递增率法	总体规划

2.3.2 水源规划

水资源是人类赖以生存发展的自然资源。水资源短缺、水环境污染以及供水能力不足已成为影响社会、经济可持续发展的重要制约因素。原水水质的好坏也将直接关系到城乡供水一体化的推进进程。

近年来，城乡供水逐渐由分散供水向集中供水的方向发展。大部分城乡供水一体化的区域周边均有大量的水资源，但是供水对象往往多为城市，乡村区域的用水力度不足，流向农村的水资源甚少，使得城乡供水一体化进展缓慢。保证农村居民用水水量和水质安全，是城乡一体化供水规划中需要解决的重要问题。

水源规划主要包括水源位置、水源水质、水源的安全和卫生防护，以及水源调配措施与应急措施等。对水源的规划需对当地现状水资源进行综合分析，对当地水资源、外来水资源、地下水和水库等现状资料进行调研，在充分了解水资源状况的基础上，对水资源的开发利用进行分析，切实解决用水供需矛盾，构建饮用水安全保障网络，立足长远，从实际出发，有规划、有步骤地进行水源工程建设，合理利用水资源，考虑远期规划，留有一定发展余地。基于用水供需平衡分析，科学统筹流域内的水资源，实现供水、调水流域化，构建与之相适应的水网框架，为城乡供水一体化提供充足的水源保障。

2.3.2.1 备用水源建设

随着城乡一体化供水工程的实施，供水范围增加，水源水质一旦受到污染，将直接影响到城乡广大居民的生活和生产用水。因此，需考虑建立健全对第二水源的规划，提高供水安全的保障性，实现水源间的互为备用。科学合理地确定饮用水源地建设工程、水源地监督管理和应急预案。

2.3.2.2 流域协调计划

城乡一体化的供水系统规划，应首先确定以水源保护为主的流域协调区，在流域协调规划的指导下进行。流域协调规划首先应具备一些基础资料：

（1）流域地理数据，包括流域位置、规模、地貌，以及城镇位置、行政边界等。

（2）流域土地利用和发展设计。

（3）流域水文学数据和地质学资料等。

完善水域功能区划分，如公共供水、农业灌溉、废物处置、航运、防洪和渔业等，明确各功能区的特点。重点协调水资源利用和保护，按照水资源保护区的环境保护要求，控制协调流域内的供水设施综合利用和共建共享。

2.3.2.3 供水水源保护

根据《饮用水水源保护区污染防治管理规定》，饮用水地表水源保护区包括一定的水域和陆域，其范围应按照不同水域特点进行水质定量预测并考虑当地具体条件加以确定，保证在规划设计的水文条件和污染负荷下，满足供应水量的基础上，保护区内水质能满足国家水环境保护相关的标准。

对城市水源的保护刻不容缓，应着力于以下几方面的工作：

（1）加大污染防治宣传力度，使人们更多了解水源污染现状，提高自觉保护水源的意识。

（2）加强水源保护的立法工作，制定和完善水源保护法规，严格依法办事。

在水源保护区内，要严格执行《中华人民共和国环境保护法》《中华人民共和国水法》《中华人民共和国水污染防治法》和《饮用水水源保护区污染防治管理规定》等一系列水源保护相关法律文件，从实际出发，制定出相应地方性法规、政策，使水源保护工作有法可依。

（3）加强水源地水质监管工作。提高水源地水质监控能力，建立水源水质监测网。进一步完善水质监测点的布设，扩大监测范围，提高预警和防控能力。实现实时自动监测与人工常态监测相结合，提高监管能力和效率，及时掌握水体状况、监测各种污染物的动态，便于及时采取措施，防止对水源的污染。

（4）提高水源保护技术水平。应建立城市水源保护区数据库，制定水源保护区技术方法，研究城市水源保护区污染防治规划程序和保护措施，使水源保护工作趋于规范化和科学化。

（5）加强水源保护，开展整治工作。为了进一步强化饮用水源水质保护工作，全面贯彻执行《饮用水水源保护区污染防治管理规定》，应开展对市区饮用水源全面整治工作，加强组织领导，成立专门整治小组，制定水源整治方案，包括地表水源和地下水源保护措施、取水口保护措施等，加强水资源保护和管理。

2.3.3 水厂规划

根据当地实际情况因地制宜，在用水量预测和用水平衡分析的基础上考虑新建和扩建，在满足供水需求的基础上考虑水厂工艺改造，提高供水水质。加强对水厂的监督、管理，保证各水厂的出水水质满足国家相关规范、标准的要求，同时保障水厂的供水能力。农村地区预留区域供水管道接口，实现利用城市水厂向农村地区统一供水，区域供水通水后，原有农村地下深水井可作为紧急备用水源。根据前期划分的集中供水区域和分散供水区域，规划与之相适应的集中水厂和分散水厂，保障城乡供水需求。

2.3.3.1 水厂选址与用地要求

水厂的选址与用地必须达到如下要求：

（1）水厂布置应与城市总体规划和给排水专项规划相协调。

（2）有良好的工程地质条件，地下水位低、地基承载力好的地方。

（3）交通方便、输配电线路短的地段。

（4）水厂远离城市时，分开设置原水厂与净水厂。

（5）尽量利用水源的高程，采取重力取水和重力配水。

（6）水厂尽可能接近用水区。

（7）水厂应位于河道主流的城市上游，取水口应在居住区和工业区排水口上游，不受洪水威胁。

（8）应符合环境影响评价的要求。

2.3.3.2 水厂布置与用地指标

水厂的规划应科学合理，遵循节约用地的原则，根据水厂内建筑物、构筑物的功能和工艺要求，结合地形、气象及地质条件等因素，使水厂布置更为经济、合理，同时便于施工、维护和管理。

由于从城市水源获取的原水水质各不相同，必须根据城市用水对水质的要求选择净水工艺流程。不同的工艺流程，其系统布置和适应条件各不相同。水厂用地主要依据水厂净水工艺确定，水厂用地指标见表2-3。

表2-3 水厂用地指标

供水规模	常规处理/$m^2\cdot(m^3\cdot d)^{-1}$		预处理 /$m^2\cdot(m^3\cdot d)^{-1}$	深度处理 /$m^2\cdot(m^3\cdot d)^{-1}$
	净水厂	配水厂		
Ⅰ类（30万~50万立方米/d）	0.2~0.25	0.1~0.15	0.028~0.03	0.04~0.045
Ⅱ类（10万~30万立方米/d）	0.25~0.3	0.15~0.2	0.03~0.035	0.045~0.065
Ⅲ类（5万~10万立方米/d）	0.3~0.35	0.2~0.3	0.035~0.045	0.065~0.085

2.3.3.3 水质标准

饮用水水质应满足《生活饮用水卫生标准》（GB 5749—2006），可在此强制性基础上制定当地自来水的优质标准，作为指导性标准。同时不断完善城乡供水水质监测体系。

2.3.4 管网布局

供水管网系统是城市供水系统的重要组成部分，供水管网系统投资费用占整个供水工程总投资中的50%~80%。随着城市发展规模的扩大，供水管网的新建、改建和扩建工程日益增多，投资费用逐年增加。供水管网系统的规划设计将直接影响工程总投资费用、系统运行可靠性和用户用水安全。优化管网系统布局，在保证满足供水水量、水质和水压要求的基础上，使整个系统的造价最低、系统运行可靠，对于提高经济和社会效益具有重要的现实意义。

管网系统规划时需与地理位置和城市规划布局相协调，并充分考虑近、远期的用水量变化对管径的选择和管网压力的影响，在保证管网满足城乡用水需求的前提下，对管网进行优化，力求管线长度、管径的确定最为经济。充分利用现有管网结构，使新建管线和现状管线能够最大限度的起到互相连接或区域联动的作用。不同供水分区间设置连通管，相互接通，形成了供水管网总环。可保留原乡镇郊区外围供水管网，并将原管网系统接入供水管网总环上，形成总分结合、环枝结合的管网拓扑结构，形成“一张网”和分区供水的格局。

对于城乡一体化供水的城市管网，为保障供水可靠性，常设置城乡间的联络管用于供水的应急调度。主要分为乡镇向主城区应急调度和主城区向乡镇应急调度两种情况。应急调水模拟思路为降低供水方的节点用水量至一定比例，计算极限调水情况，约束条件为水厂的最大供水能力、对供水区域的影响程度以及增压泵站前的水压条件。管网布置必须保证供水安全可靠，当局部供水管网发生事故时，断水影响范围应减少到最小。由于联络管的直径在很大程度上影响了调水的能力，因此需通过多个方案比较来确定合理的管径，从而得到较优的调水方案。力求以最短的距离敷设管线，以降低管网造价和供水运行费用。

2.3.4.1 管网布置基本形式

A 树状管网

树状管网中管线长度短，结构简单，投资费用低，但相较于环状管网来说，安全可靠性差，末端用水量小，水流停滞容易影响水质。适用于对供水安全可靠性要求不高的小城镇和小型工业企业。

B 环状管网

环状管网管线长度长，投资费用高。任意一段管段损坏时，可通过阀门关闭使管段独立，方便检修，同时不影响正常供水，从而提高供水安全可靠性，同时还可以减少水头损失，减轻水锤影响。适用于供水可靠性要求高的地区。

2.3.4.2 布置原则

管线布置需与城市建设规划相结合；尽量缩短线路长度，与其他地下管线相协调，避开不良的地质构造（地质断层、滑坡等）地段；尽量沿现有道路或规划道路敷设；尽量减少拆迁和对植被的破坏；尽量使得施工和维护方便，节省造价，保证运行安全可靠；充分考虑城市远期发展和分期建设的需求，留有余地。

A 输水管线定线要点

（1）输水管不宜少于两条，并设置连通管。输水干管和连通管的管径及连通管数量，应按输水干管任何一段发生故障时仍能通过事故用水计算确定，城镇的事故水量为设计水量的70%。

（2）输水管道系统运行中，应保证在各种设计工况下，管道不出现负压。

（3）输水管（渠）道隆起点上应设通气设施，管线竖向布置平缓时，宜间隔1000m左右设一处通气设施。

（4）输水管道系统规划应合理利用地形，输水方式可采用重力式、加压式或两种并用方式，应通过技术经济比较后选定。

（5）管线埋深应考虑地面荷载情况和当地冰冻线。

B 配水管线定线要点

（1）干管布置时其延伸方向应和二级泵站输水到水池、水塔、大用户的水流方向一致，沿水流方向，以最短的距离，在用水量较大的街区布置一条或数条干管。

（2）从供水的可靠性考虑，城镇给水管网宜布置成环状网。但从经济上考虑，当允许间断供水时，给水管网的布置可采用一条干管接出若干支管，形成枝状网，同时考虑将来逐步连成环状。

（3）给水管网布置成环状网时，干管间距可根据街区情况，控制距离500~800m，干管之间的连接管间距，根据街区情况考虑在800~1000m左右。

（4）干管一般按规划道路布置，但尽量避免在高级路面和重要道路下通过，以减少今后维修开挖工程量。

（5）生活饮用水管道应尽量避免穿过污染及腐蚀性的地区，如必须穿过时应采取防护措施。

2.3.4.3 管材

A 管材的种类

目前常用管材主要有钢管、球墨铸铁管、PCCP管、夹砂玻璃钢管，以及硬聚氯乙烯管、钢塑复合管等。

a 钢管

钢管具有安全性较高、承压能力好、单位长度重量相对较轻、加工安装灵活方便等优点，但对防腐要求较为严格，对特殊地段，如穿越铁路、公路和过河湖及沼泽等，采用钢管整体性较好。

b 球墨铸铁管

球墨铸铁管是目前供水管网中使用最为普遍的管材，是在铸铁管基础上发展起来的，具有强度高，机械性能和抗腐蚀性能好等优点。从管材性能和经济性考虑，目前更适用于中小口径（小于1000mm）管道，在清水配水管道上较多采用。

c 预应力钢筒砼管（PCCP管）

PCCP管常用于大口径长距离输水管道，是一种相对经济的管材。其内壁相较于钢管和球墨铸铁管更为光滑，水力特性好，具有良好的抗渗透性，抗震性能和承压性能好，且耐腐蚀。PCCP管的单位长度管道最重，给运输带来困难，且施工时需要要求较高的施工便道和大型的起重设备及专用安装设备，施工难度大。

d 夹砂玻璃钢管

玻璃钢管具有使用寿命长、强度高、耐腐蚀、水力特性好等优点。该管材内部光滑，粗糙系数低，不易结垢，因此不易污染水质。且管材的单位长度很轻，运输及施工方便。但该管材的刚度及抗外压稳定性不高，对埋设处的地质要求及回填物的要求较高，施工质量控制得好坏，将直接影响到输水安全性，此外穿越各种障碍和交通繁忙的道路时仍需由钢管代替，且大口径管道中的配件加工也较困难，其抗外压能力及管道变形后对工程的影响尚待实际工程应用检验。

e 硬聚氯乙烯管（UPVC 管）

UPVC 管是目前国内外都在大力推广和应用的新型化学管材。与金属管道相比，具有质量轻，耐压强度好，输送阻力小，耐化学腐蚀性能强，安装方便，投资低，节省能源，使用寿命长等特点。由于该管材承压能力不高，一般多用于重力管道的实际工程中，或用于口径小、压力不高的给水管道工程中。管材上不需要防腐，采用柔性接口。施工时需保证接口质量。

B 管材的比选

对于管材的选择应从管材的安全性、经济性、施工难易和运行维护等方面进行综合比较分析。

a 安全性

应当考虑管道的安全可靠性，包括抗震能力、承压能力等方面。一般而言，钢管、球墨铸铁管的安全性相较于夹砂玻璃钢管、PCCP 管要高，适用于工作压力较高的情况。

b 经济性

主要考虑综合单位造价，对常用的给水管材的每米综合造价进行比较，一般钢管价格最高，球墨铸铁管次之，硬聚氯乙烯管价格最低。各种管材的现场土方费用相差不多。从现场运输、吊装费用来看，PCCP 管最贵，钢管、球墨铸铁管次之，玻璃钢管最低。

c 施工条件

需考虑实际地质状况，充分考虑到沉降及沉降差大的特点，选用抗变形能力强的管材。球墨铸铁管为承插式接口，在管道转弯处需设置镇墩以抵抗管道内压产生的推力。夹砂玻璃钢管为柔性管，管材刚度较小，管道本身的稳定性是几种管道中较差的，因此对管道回填土的要求相当高。钢管对现场内、外壁防腐工作量较大，其他管材防腐工作量较少。玻璃钢管对埋深有要求，需考虑抗浮情况。

d 运行维护

由于玻璃钢管内壁光滑，粗糙系数较其他管材低 30%，单位长度同管径动力消耗少，因此玻璃钢管的运行费用较低。钢管的日常维护费较高，包括电化学防腐材料需定期更换，以及内防腐层的修补、加强费用等，其他管材的维护费则较少。

2.3.4.4 水力计算

A 设计流量

从水源地至净水厂的原水输水管（渠）的设计流量，应按最高日平均时供水量确定，并计入输水管（渠）的漏损水量和净水厂自用水量；从净水厂至管网或经增压泵站到管网的清水输水管道的设计流量，与管网中高位水池容量有关，按最高日供水条件下，由净水厂负担的最大供水流量计算确定。从高位水池到管网的输水管道设计流量，按最高日最高时供水条件下高位水池向管网输水量和非高峰供水时二级泵站经管网转输向高位水池输水量中最大值计算。

管网设计流量按照远期预测水量进行布置，避免未来重复建设。管网供水能力应满足最高日最高时 Q_h用水需求进行设计，即设计流量为：

$$Q_{设} = Q_h = K_h Q/T \tag{2-1}$$

式中 $Q_{设}$——设计流量，m^3/h；

Q_h——设计最高日最高时用水量，m^3/h；

K_h——时变系数，一般为 1.2~1.4；

Q——设计最高日用水量，m^3/d，等于规划人数乘以人均综合用水量；

T——供水时间，全天供水取 24h。

B 管径

根据满流或压力流的输配水管管径计算公式：

$$D = 18.8\sqrt{\frac{Q_{设}}{v}} \tag{2-2}$$

式中 D——管径，mm；

$Q_{设}$——管道设计流量，m^3/h；

v——流速，m/s。

其中，管道内流速采用平均经济流速来选取（管径在 $DN100$~$DN400$，平均经济流速为 0.6~0.9m/s，管径≥$DN400$mm，平均经济流速为 0.9~1.4m/s）。在水力计算的基础上，同时考虑当地的经济条件，管网的造价和经营管理等费用，从而选定合适的设计流速和确定实际选用的管径大小。

C 水头损失计算

管道水头损失包括沿程水头损失（h_f）与局部水头损失（h_d）两部分。

管道沿程水头损失采用达西-魏斯巴赫公式计算：

$$h_f = \lambda \frac{l}{d} \cdot \frac{v^2}{2g} \tag{2-3}$$

式中 h_f——沿程水头损失，m；

λ——沿程阻力系数；

l——管道长度，m；

d——管径，m；

v——流速，m/s。

局部水头损失按如下公式计算：

$$h_d = \zeta \frac{v^2}{2g} \tag{2-4}$$

式中 h_d——局部水头损失，m；

ζ——局部阻力系数。

2.3.5 供水管理

城乡供水一体化下采取何种管理模式主要取决于如何处理集中供水水厂和现有乡镇水厂的关系。可根据已有经验结合实际情况，在保障供水一体化稳定运行的基础上，发挥乡镇水务的积极性，选择适合的管理模式。

围绕全面提升供水管理水平的目标，全面规范供水行政管理、资源管理、供水工程管理、建设管理，创新农村供水建设管理机制，建立城乡供水统一管理的体制机制。同时强化供水管理和服务，明确各部门职责分工，提高效能，推进水资源统一管理。着力推进人才体制机制改革和创新，加强人才队伍建设。积极把握现代科技发展的最新趋势，把信息化技术集成应用于供水行业，结合管理需求，全面提升城乡一体化供水信息化水平，实现供水管理和服务现代化。

2.4 城乡一体化供水规划——以上海市为例

构建城乡一体化供水体系，是保障居民饮水安全，促进水资源合理配置和高效利用，提升城乡建设发展水平的重要举措。在综合分析供水现状的基础上，提出可行的规划方案，对供水量预测、水源选择与保护、供水管网布局等进行统筹规划，在宏观层面上通过系统规划进行协调，以保障城乡供水的优质和环境的安全，实现城乡供水同网同质的目标。

以上海市为例，随着城市经济迅速发展，人口快速增长，建设规模不断扩大，现状供水能力不能满足长期发展需求，管网建设也相对滞后，且由于长期受城乡二元结构体制的影响，城乡供水发展不平衡。从区域供水角度来看，目前尚未形成完善和有计划的供水系统，为了实现城乡供水统筹发展，需要编制与现状相适应的区域供水规划。

规划内容包括：对用水量进行科学预测，对区域供水工程水厂的水源进行论证，论证现有水厂的供水规模、工艺的可行性，在现有管网的基础上，近、远期相结合，进行区域供水管网系统规划，实现城市与乡镇供水工程的衔接。采用区域统筹的方法，科学划分供水片区，整合、优化供水设施布局，协调地面水厂供水范围。确立“就近供水、互为备用”的供水模式，坚持工程经济性和供水安全性相结合，充分考虑现状，发挥原有供水设施的作用，使规划供水系统与现状系统合理结合，逐步关闭现有乡镇水井，减少对地下水资源的开采。同时制定相应的实施性政策，确定合理的时序计划。为城乡一体化供水工程建设实施提供切实可行的依据。

2.4.1 现状分析及存在问题

2.4.1.1 供水现状

中心城区采用集中供水方式，现有三座水厂，由水库供水，原水水质为Ⅱ类、Ⅲ类水。乡镇地区已建成水厂有200多座，因地形复杂、水源分散，统一供水有困难，以水库水、地下水为主要水源，地下水水质大部分符合Ⅰ类水标准，但部分指标如铁、锰、细菌指标为Ⅳ类水体标准。

2.4.1.2 存在问题

A 现状供水能力不能满足长期发展需求

随着城市经济迅速发展，人口快速增长，建设规模不断扩大，工业和居民生活用水量显著增加，城区水厂供水能力已不能满足未来经济发展和人民生活需求，管网建设也明显滞后。

B 城乡供水发展不平衡

由于长期受城乡二元结构体制的影响，城乡供水发展不平衡。农村居民生活用水大部分都是由当地乡镇小水厂集中供水，水源多为浅层地下水，缺乏消毒、净化设施，企业规模小，管理和技术基础薄弱，生产设施陈旧，成本高，水质、水压不达标，管网漏损率高，饮用水水质得不到保障。

C 供水管网的安全可靠性需加强

城区内现状管网布置多成枝状，主干网络尚未连接成环，供水稳定性不高，部分管网建设较早，管径较小，管材较差，老化严重，漏损率高。另外，乡镇级供水企业管辖的管网大多建设滞后，布局不合理，管理方式落后，也存在管材较差、老化严重、漏损率高的问题。供水管网还普遍存在自身调蓄能力不足的问题，供水安全可靠性有待提高。

D 供水管网工程缺乏统一的规划

由于行政区划的原因，在一个较短的时期、各个乡镇范围内，相继或同时建设各种小水厂，缺乏统筹规划及与其相适应的建设管理机制，没有形成区域供水的格局，在一定程度上造成了水资源浪费和重复投资；同时乡镇小水厂建设缺乏总体布局，而且规模较小，其生产管理和技术水平都达不到社会发展的要求。从区域供水角度来看，目前尚未形成完善和有计划的供水系统，所以需要编制与现状相适应的区域供水规划。

2.4.2　供水分区

结合当地地势西南高，东北低的状况，分片形成区域供水管网系统。划分为4个供水区域：分散供水区、西片区、中片区和东片区。其中，分散供水区为丘陵低山地区，采用分散供水的模式，由小型地表水厂分片区供水，不纳入区域供水管网布置的范畴。

2.4.3　用水量预测

综合考虑城乡人口与用水量水平、工业发展水平与产业结构特点，以及城市规划用地建设时序，采用综合指标法、分项指标法预测，相互比较验证，得到近、远期需水量，见表2-4。

表2-4　近、远期供水量预测表

供水区域	近期用水量/万立方米·天$^{-1}$	远期用水量/万立方米·天$^{-1}$
西片区	1.5	2
中片区	8.5	15
东片区	5	9.6
分散区	0.7	0.6
合　计	15.7	27.2

2.4.4　水源规划

区域水源包括水库水源和湖泊水源，应密切关注水源地水质变化，尤其应加强藻类繁殖的预防和控制，加大对水源地保护和监测力度。另外，考虑到一旦水源水质受到污染，将直接影响广大居民饮水安全和生产用水，因此，应当建立健全第二水源规划，目前主要有水库和湖泊两大水源，互为备用。

2.4.5　水厂规划

针对集中供水区域，近期拟建地表水厂一座，供水规模为10万立方米/天，远期扩建至20万立方米/天；对于二水厂，远期规划开辟第二水源，增设深度处理流程；现状三水厂远期作为应急备用水厂。在维持现有地表水厂的供水现状基础上，加强对现有地表小水厂的监督管理，保证水厂出水水质满足国家饮用水卫生安全标准的要求，待区域供水管网实施后，现有地表小水厂作为备用水厂，主管部门需监督运营企业对现有小水厂的日常维护工作，保留水厂的供水能力。

针对分散供水区，经供需平衡分析，现状水厂满足远期用水量需求，分散供水区无需新建水厂。近期规划对区域内各水厂进行改造，增加深度处理工艺流程保证各水厂的出水水质，同时加强水厂的日常维护管理工作，保障小水厂的正常运行及供水能力。

2.4.6 管网规划

拟建供水管网总长度为约250km。其中，近期规划建设130km，远期规划建设120km。

供水主干管采用球墨铸铁管，局部穿越河道需牵引管施工的管道采用PE管，架空过河管道采用钢管。

2.4.7 与农村饮水安全工程的衔接

考虑到与区域供水工程的衔接，农村饮水安全工程在镇区都预留了区域供水管道接口，将区域供水干管敷设至各乡镇镇区，并与农村饮水安全工程的管道预留口进行碰接，利用城市水厂向乡镇及农村进行统一供水，通过农村饮水安全工程管道将自来水输送至用户，区域供水通达后，原有的农村地下深水井将作为紧急备用水源。

2.4.8 供水管理规划

现代化的给水系统除了先进的配水管网及相应的供水设施外，计算机管理手段也是给水系统的重要组成部分。如建立给水管网的GIS系统、供水的优化调度系统和Internet系统，应用高科技手段对给水系统和自来水公司日常运作进行科学管理，可以大大提高管理水平和办事效率，从而提高自来水公司的服务质量。

2.4.8.1 建立给水管网GIS系统

GIS作为集计算机科学、地理学、测绘遥感学、环境科学、城市科学、空间科学和管理科学及相关学科于一体的新兴学科，已成为城市规划、公共设施管理、工程建设的重要工具。GIS将计算机技术和空间地理分布数据相结合，通过系统建立、空间操作与模型分析，可以为给水系统的规划、管理和决策提供有用的信息。

2.4.8.2 建立基于SCADA系统和内部网优化调度和管理系统

建立SCADA（Supervisory Control And Data Acquisition）数据采集与监视控制系统，对供水管网的有代表性的点和管段进行供水压力、流量和水质的实时监测以及数据的采集，实现区域供水系统压力、水质的实时监控，确保管网服务区内的水压分布均匀，防止局部水压过大引起的爆管及过小引起的水量不足，确保供水系统的稳定运行、提高供水的安全可靠性，同时降低供水能耗和制水成本。以管网的实测数据为依据，建立区域供水管网宏观数学模型和微观数学模型，对采集数据进行统计分析，在此基础上建立区域供水系统优化调度模型，根据用水量的变化，迅速制定出优化调度方案，确保给水系统处于最佳的运行状态。根据采集水质数据，分析管网的水质变化规律，制定维持管网水质的相关措施，切实提高供水水质。通过企业内部局域网，可以实现企业内部的各种资源的共享，有利于对各种数据管理和综合利用，通过对数据统计分析，为决策提供科学依据，提高供水企业的综合管理水平。

3 城乡一体化水厂建设

在我国城乡经济的建设和发展过程中，农村小型村镇水厂发挥了重要作用。然而，随着我国经济水平的不断增长，农村地区经济发展迅速，村镇小型水厂在供水水量、水压和水质方面均难以满足广大农村地区居民用水需求以及经济发展的要求。此外，生活饮用水水质标准的提高和地表水质恶化的矛盾，使得给水厂传统工艺的升级改造成为迫切需要。

我国郊（区）县供水的变化巨大，以上海为例。改革开放后，郊（区）县供水发展的步伐明显加快，经过 14 年的农村改水建设，改水工程覆盖上海郊（区）县的 10 个区县、218 个乡镇、2972 个村，受益人数 548 万人。上海在全国率先实现了农村自来水化，郊（区）县农民从此告别饮用河水和井水的落后状况。自郊区一体化供水启动以来，上海市共关闭郊区县小型水厂 113 座、内河取水口 70 个、公共供水深井 95 口，新增集约化供水面积 1100 平方公里，极大缩小了郊区县供水服务与中心城区的差距，促进了城乡统筹发展。到 2012 年，郊区县基本完成除崇明区以外地区的集约化供水；到 2015 年底，崇明区完成集约化供水。

上海郊（区）县的供水发展起步于 20 世纪 60 年代初，至今分为 3 个阶段：

第 1 阶段：20 世纪 60~80 年代，兴建农村水厂，基本解决农民的喝水问题。由政府、集体、受益群众共同投资兴建镇、村水厂，使广大农民群众终于自如地用上了自来水。在此阶段，上海市郊农村建造了 409 座镇、村水厂，使近 550 万农民用上了自来水，在全国率先实现了全市农村自来水化。

第 2 阶段：80 年代末到 21 世纪初，关闭村级水厂，提升制水工艺。为解决郊区水厂原水水质差、水厂规模小、制水成本高等问题，从 1996 年起，上海就陆续关闭村级水厂，至 2000 年已累计关闭 162 座村级水厂，切换水量 20 万立方米/d，受益人数 52 万人。

第 3 阶段：全面推进城乡一体化供水。从 2003 年起，根据“总量平衡、确保供应、优化布局、提升水质”的原则，确立了从分散向集约推进的统筹供水发展理念，对郊区供水基础设施建设包括水源地、水厂、供水管网以及二次供水等设备设施进行大力建设，全面推进郊区城乡一体化供水，建设社会主义新农村和与现代化国际大都市的地位相适应的供水要求。

3.1 农村地区乡镇水厂存在问题

3.1.1 水源污染问题

农村饮用水水源大多采用河水、湖库等地表水源，以及地下水。随着社会经济水平的提高，涌现大量乡镇企业，出现污水排放不达标，偷排现象严重等问题；并且由于畜牧养殖业、果树种植业等乡村经济产业的发展，养殖污染也日趋严重。农业面源污染、家禽畜牧养殖废水以及生活污水等严重污染农村水源地，导致水体中总氮、总磷、COD、有机物、微生物等指标超标。另外，部分地区水源地水量季节性变化明显，水质也随之呈季节性变化。水厂原来的取水河道水质污染难以达到水源地水质要求，需要重新选择水源地。

乡村地区取水方式多采用分散取水方式，水源水质难以得到保障。早期存在人畜共饮同一水源的现象，水体容易被牲畜粪便以及牲畜自身携带的病菌污染，引发介水疾病。国家在20世纪90年代就要求解决该问题，经过农村供水设施的发展建设，该问题已经基本得到解决。但是随着农村经济的发展，农村生活垃圾产量逐年递增，由于配套设施尚不完善，生活垃圾随意堆放，或产生渗滤液，渗入地下水，导致水源水质受到污染，严重影响了农村供水安全。

3.1.2 供水水质指标超标

由于农村水厂净水工艺水平参差不齐，出厂水水质不均，部分水厂供水水质符合《生活饮用水卫生标准》（GB 5749—2006）106项水质指标要求，部分水厂水质能够达到《生活饮用水卫生标准》（GB 5749—2006）农村小型集中式供水和分散式供水部分水质指标及限值，或基本达到《农村实施<生活饮用水卫生准则>》水质要求；个别水厂不能达到国家及地方相关水质要求，氟化物、铁、锰、微生物等指标超标。

农村地区村镇级水厂水质检测水平落后，缺乏水质检测的设备、技术以及技术人员，水质检测程序和检测过程不规范，常常出现水质检测数据不能正确反映水质情况。大部分的农村水厂水质监控都依赖于当地政府相关部门，检测频率达不到常态化的监控，很难确保水质安全稳定。

3.1.3 供水工艺和设备落后

农村地区由于经济条件和技术水平的限制，缺少基建投资，基础建设相对落后，处理设备设施简陋或是难以正常发挥作用。水厂净水工艺主要去除悬浮性颗粒物和细菌学指标，控制出厂水水质浊度和微生物水平。郊（区）县和农村地区水厂，建设年代、净水工艺和技术水平存在明显差异，大部分采用传统的“净水四步法”——混凝、沉淀、过滤、消毒，很难适应受污染的水源，导致出厂水难以满足供水水质要求。部分农村水厂虽然也采用了与城市规模化的水厂同样的制水工艺，但由于生产工艺的自动化控制水平有限，导致制水过程不能标准化，出水水质不稳定。另外，也存在一些生产工艺设施布局凌乱、工艺参数不合理等现象。

目前，农村水厂大多属于保本微利的经营状况，农村经济水平有限，水厂运营往往入不敷出，缺乏必要的维护经费，同时由于难以实现设备设施的更新改造，很难保证水厂设备的良性运行。由于设备运行时间长，磨损严重，设备选型与变化的运行条件不匹配，特别是对水厂运行成本影响较大的水泵设备，水泵设备耗损严重。农村供水主管道以及支管，管道材质差，施工质量不达标，经过长时间的运行，腐蚀和漏损情况不容乐观，需要大规模更换。同时缺乏经济适用的管道漏失控制与原位修复技术。乡镇管网基础设施质量差，缺乏更新改造，漏损严重，产销差大多在40%以上。

3.1.4 管理水平不足

现有的建制镇或村水厂规模小，设备简陋，单位能耗大，漏损严重的情况较为普遍，水厂由于专业技术人员缺乏；水厂的管理经营不善，村镇水厂都分别由各镇人员管理，基本没有经过专业技术训练，制水技术、操作不规范。

建制镇水厂管辖的范围目前还是大量的农村地区，服务对象以留在农村的农民和外来人口为主，在抄表、收费、服务、维修、偷漏水控制等方面有其自有的特点。需要根据村镇居民特点，实行适合农村供水特点的管理模式。

3.1.5 缺乏统筹规划

原有各乡镇供水系统水源分散，水厂布局不合理，管网系统结构单一，各区域管网相对独立，供水安全性低，缺乏科学的规划设计与布局优化。且基础收费资料不完善，基础条件薄弱，原生态的管理模式也不适应供水事业的发展。将郊区乡镇分散的、独立的、简陋的、自建自管的供水模式转变为集中的、联网的、科学的、现代化的供水模式，从而促进城乡供水协调发展，高水平地满足社会经济发展的需求和人民生活的需要。

3.2 城乡一体化水厂改造

农村水厂改造就是在水厂现有的经济基础和技术水平上，充分利用已有的构筑物和处理工艺，通过设置必要的技术措施，扩大水厂供水能力，强化水厂净水能力，提高出水水质。将分散式的取水模式改造为集中供水工程，保障农村居民饮水安全。

3.2.1 水厂改造原则

3.2.1.1 水源选择

水厂应综合权衡，优先选用水质优良的原水水源，同时考虑水源地供水的长期性，综合选择水源地。

3.2.1.2 工艺选择

水源水质达到《地表水环境质量标准》（GB 3838）中Ⅰ类、Ⅱ类水体水质标准，因水厂工艺或设施原因造成出厂水的水质微生物指标、余氯浓度、浊度等指标不能满足各地供水水质要求的，应完善常规工艺、设施或进行更新改造，有条件的可采用臭氧-活性炭工艺、膜处理工艺等深度处理工艺。

水源存在有机物污染、水质为《地表水环境质量标准》（GB 3838）中Ⅲ类水体水质标准，或存在季节性水质指标，例如夏季藻类暴发导致嗅味物质浓度升高，为Ⅳ类水体水质标准，一般采用强化常规处理工艺，对有机物、嗅味等水质指标不能达标的，应增设预处理或常规深度处理工艺。

水源有机物或者氨氮污染严重，超过《地表水环境质量标准》（GB 3838）中Ⅲ类水体水质标准要求，应综合采用预处理、强化常规处理工艺和深度处理工艺等联合技术工艺，降低原水中有机物和氨氮浓度，保证供水水质。

水源中铁锰超标的水质，常规处理工艺难以满足出水水质要求，应增设铁锰处理措施。

水源中氯化物、总硬度、硝酸盐、硫酸盐浓度等指标超标时，导致水源中含盐量浓度升高，宜先用替代水源方案，或重新选择水源地，经综合比较确定适用的制水工艺处理措施。对水源地有特殊污染物质的，应根据污染物水平和去除特异性，选择有针对性的处理措施。

3.2.1.3 自动化控制工艺

水厂的改造过程中，应强调处理工艺的自动化控制水平，在保证供水水量、水压、水质的前提下，有条件的水厂可对主要水质指标实施在线监测，确保水厂水质安全。应该结合实际情况，因地制宜地采用先进的技术，提高自动化水平，减少人工操作，保证水质安全。

3.2.2 水厂改造工艺

自来水水厂改造首先要调查水源和水厂水水质情况，分析水源污染物的现状和变化趋势，明确供水目标，并进行需水量预测等手段，应在掌握原水水质的情况下，采用新技术、新工艺和新设备，选择最优方案以达到经济高效的净水效果。确定水厂净水工艺的改造方案，需要根据当地原水条件和水质目标的要求，根据各地要解决的具体用水问题及当地自然因素、经济水平和社会发展状况，对各种处理技术进行合理组合和综合考虑，合理选择饮用水工程、类型及供水方式，同时结合近期与远期目标，确定合理的供水规模。

评估水厂常规处理工艺的净水能力，提出需要通过技术改造解决的水质问题和主要工艺参数，充分利用水厂原有的制水设施，通过对水厂的混凝、絮凝、过滤、沉淀、消毒等净水过程进行适当的改造，改善其处理能力和处理效果，提高出水水质，降低制水成本。

(1) 在水源水质恶化的情况下，针对水源水质的污染物特性，水厂可增加必要的预处理措施，增设预处理工艺，包括生物预处理、化学预氧化、吸附剂投加、预沉淀、鼓风曝气等。

(2) 强化颗粒物对水体中溶解性有机物的吸附作用，投加吸附剂，在混凝过程中添加吸附剂的情况越来越普遍，通过将具有吸附功能的颗粒物，以粉末活性炭居多，其他如粉煤灰、黏土、凹凸棒粉、硅藻土等，投加化学氧化剂，氧化有机物，增加有机物的可去除性。

(3) 强化沉淀、澄清和气浮工艺，改善沉淀池进出水水力条件，提高沉淀效率，提高固液分离效果，提高净水水质。

(4) 沉淀效果不理想，改造条件受用地限值时，宜采用斜管/板或高效澄清工艺，提高沉淀效果；改善滤池过滤效果，可投加助滤剂、改善滤料级配，优化滤料厚度，改进滤池进水布水等措施。

(5) 强化出厂水消毒效果，由于消毒剂与水混合原因，导致消毒效果差的，可增加混合设备，改善混合条件，使得消毒剂与水充分接触。

(6) 使用液氯、二氧化氯、臭氧等消毒方式，应注意控制消毒副产物指标浓度。使用氯胺消毒能明显降低消毒副产物生成量。在水厂工艺沿程多点投加消毒剂既可以增进净水效果，也可以减少消毒副产物的生成。

(7) 根据当地供水实际情况，有条件的水厂可以将常规工艺改造成深度处理工艺，提高出厂水水质。

3.2.3 针对不同污染物的工艺选择

3.2.3.1 有机物的去除

常规工艺对有机物的去除能力有限，主要去除分离大于10000道尔顿的大分子有机物，一般有机物的去除率在30%左右，对原水中可生物降解总有机碳的去除效果不稳定。在常规工艺的基础上，通过强化混凝、过滤等工艺改造，能够改善净水效果，但同时也增加了运行成本，具有一定的局限性。臭氧氧化深度处理工艺对难降解有机物有强氧化作用，与生物处理联用可以降低有机物含量。活性炭吸附工艺有极强的吸附能力，对烷类有机物去除能力强，长期运行形成生物膜，对有机物有生物降解效果。另外，臭氧和活性炭工艺联合是去除原水中有机物的有效手段，可显著提高水厂出水的生物稳定性。

3.2.3.2 氨氮的去除

去除氨氮多采用生物接触氧化技术，常规工艺混凝、沉淀和过滤工艺几乎不能去除原水中的氨氮，常见做法是在厂内设置生物氧化接触池。生物接触氧化技术利用附着生长在表面的生物膜，通过微生物的自身生命代谢活动过程，降解水中有机物，去除氨氮，该过程需要在充氧条件下进行，效果较为明显。

3.2.3.3 臭味的去除

水源中臭味来源包括人为来源，包括人为排入水体的无机氮化物、物理硫化物等；水体中腐殖质等有机物也会产生异味；藻类、放线菌和真菌等的分泌物及残体会产生 2-甲基异莰醇、土臭素等嗅味物质；水中有机物厌氧分解产生硫醇、硫醚等异物物质。

现有常规工艺条件无法控制水中的臭味问题。目前去除嗅味的方法主要有化学氧化及活性炭吸附。化学氧化技术是利用强氧化剂氧化分解或转化水中污染物，具有除臭、除味、去除还原性无机物、初步降解有机物的作用，并能灭活藻类和微生物等。其他常见方法还有高锰酸钾-活性炭、脱色除臭剂-活性炭、臭氧-活性炭等联用工艺。

3.2.3.4 铁锰的去除

我国多个省市居民使用含铁锰地下水作为饮用水水源，在部分北方地区地下水甚至是唯一的水源。当水中含铁锰浓度超过一定浓度时，管道内容易滋生细菌，出现“红水”现象，影响饮用水观感和口感。高浓度铁锰的原水去除铁锰的方法主要有曝气氧化法、氯氧化法、高锰酸钾氧化法和接触过滤氧化法等。

3.2.3.5 氟的去除

人体长期摄入氟化物含量过高的饮用水，会得氟斑牙、氟骨病等慢性疾病，健康将受到严重危害。《生活饮用水卫生标准》（GB 5749）规定，饮用水中氟化物的含量不得超过 1.0mg/L。原水中氟化物的除去方法有吸附过滤法、半透膜分离法、絮凝沉淀法、离子交换法等。

3.2.3.6 藻类的去除

当水源中的藻类含量影响到常规水处理工艺的正常运行，或影响出厂水水质时，需要加以处理。水厂原水中的藻类会引起水质异常产生臭味，含藻水不易混凝沉淀，干扰混凝过程，藻细胞体微小，容易堵塞滤池，增加滤池水头损失。另外，藻细胞产生微囊藻毒素，该毒素会损伤人体肝功能，藻类在水处理构筑物上生长繁殖，腐蚀构筑物，破坏构筑物结构，防控不当，进入管网后不但导致水质下降，还会腐蚀管网。

水源地中藻类控制可以采取一些物理方法和生物方法。例如，采取放养鲢鱼、鳙鱼等食藻鱼类，采取曝气、沉淀等方法，去除水中的氮磷，抑制藻类生长，或者直接投加除藻剂，投加次氯酸钠、高锰酸钾、活性炭等药剂，降低原水中藻类浓度。在水厂中，通过预氯化-活性炭工艺，高锰酸钾药剂、控制混凝药剂和工艺参数等，可提高除藻效率。

3.3 生物处理与深度处理技术

3.3.1 生物预处理

生物预处理就是在制水常规处理之前，利用微生物的新陈代谢活动例如氧化、还原、合成、分解等作用，将含氮有机物进行氧化分解，去除氨氮的同时也能去除部分色度、臭味、重金属等。

生物预处理工艺主要有生物滤池、生物转盘、生物流化床、生物接触氧化池和生物陶粒滤池等。根据生物预处理工艺采用填料的类型又可以分为悬浮填料、弹性填料、颗粒填料等。其中，悬浮填料生物预处理是目前最为常见的生物预处理工艺。

生物预处理工艺在运行过程中受到温度、停留时间、pH 值、溶解氧等因素的影响。水温低于5℃，微生物代谢明显迟缓，微生物硝化作用失效，长期处于低温，生物预处理池的效果将受到影响。溶解氧是生物处理作用的关键影响因子，微生物在好氧条件下，有机物降解效果才能保持良好。此外，微生物生长最佳 pH 值在 6~8 之间，停留时间根据具体的运行条件确定，充分的停留时间保证微生物各种代谢活动的进行。

3.3.2 深度氧化技术

深度氧化技术又被称为高级氧化技术，是指在高温高压、光辐射，催化剂等存在的条件下，由具有强氧化能力的羟基自由基（—OH）或其他强氧化物质将难降解的大分子有机物氧化成小分子物质的方法。是近年来发展起来的深度处理新工艺，利用强氧化剂氧化分解或转化水中污染物，具有除臭、除味、去除还原性无机物、初步降解有机物的作用，并能灭活藻类和微生物等。

目前常见的深度氧化技术有臭氧氧化、光催化氧化、双氧水氧化等，也有一些联用技术，例如，臭氧-双氧水，臭氧-紫外线等联合工艺。深度氧化技术具有反应速率快，污染物去除能力强，无选择性等优点，对多氯联苯、不饱和烃等难降解有机物有很强的去除效果。特点是处理体量相对较小，同时由于成本较高，难以大规模推广应用，目前只适用于小规模的水处理过程。

臭氧是一种强氧化剂，能氧化分解水中多种有机和无机污染物质，并使部分难降解的有机物结构发生变化，从而提高水的可生化性，有利于后续工艺的运行。此外，还能够进一步降低水的色度和臭味，改善水的口感和观感。臭氧能有效地通过氧化 2-MIB 来去除水中的土霉味。在中性及偏碱性条件下对 2-MIB 去除效果较好，5min 之内达到 90%以上，在偏酸性条件下去除率降低到 60%。此外，臭氧对于土臭素和硫醇硫醚类臭味物质也有很好的去除效果。基于常规处理工艺基础，通过臭氧预处理可高效去除臭味等物质的技术近年来得到了快速发展和应用，有效解决了饮用水臭味问题。同时，设置预臭氧还能够氧化去除色度并改善絮凝效果。因此，臭氧-生物活性炭的深度处理工艺可增加臭氧预处理单元。

3.3.3 活性炭工艺

活性炭是烟煤、无烟煤、椰子壳、果壳、竹材等材料，经高温碳化后的多孔材料，具有巨大的比表面积，可以去除水体中色度、氨氮、重金属、农药、臭味物质等。净水工艺中使用的活性炭有粉末活性炭和颗粒活性炭。

粉末活性炭常用于应对原水突发污染，在投加时应注意选择合适的投加点，并与水体充分接触一定的时间，才能达到有效的吸附效果。由于粉末活性炭带负电，絮凝剂带正电荷，容易发生电中和现象，发生沉淀。因此活性炭的投加点应设置在混凝剂投加点之前，以保证活性炭的吸附效果。

活性炭吸附池常用煤质活性炭，包括活化无烟煤、活化烟煤、压块（片）破碎活性炭、圆柱破碎活性炭等。在实际运行过程中，活性炭通过吸附水中的微量有机物（Assimilable Organic Carbon，AOC），可为微生物的生长提供碳源。进入生物炭滤池的臭氧被还原为氧气后，同样也是微生物生长必要的条件。同时，由于吸附是可逆的，被吸附的大部分有机物，都可能脱附从而成为微生物生长的营养源，而微生物自身的代谢产物，同样也能促使生物膜一直处于良好的状态。所以活性炭吸附和生物降解并非相对独立的，而是相互依托共同作用的结果。

3.3.4 臭氧—生物活性炭工艺

臭氧-生物活性炭工艺利用活性炭表面的丰富孔隙结构，对有机物及溶解氧具有有效的吸附能力，为好氧微生物在活性炭表面的固定生长和增殖提供了有利条件，结合了臭氧化学氧化、臭氧灭菌消毒、活性炭物理及化学吸附和微生物生物降解原理，提高了活性炭工艺的处理效率，延长了活性炭的使用寿命，降低了水处理的费用。臭氧-生物活性炭工艺可明显提高处理水水质，提高色度、铁、锰、氨氮和臭味的去除效果，改善水质感官指标，保障饮用水安全。

此外，通过对污染物致突变性检测（ames）试验证实，活性炭吸附能有效去除水中致突变前驱物，减少后氯消毒后消毒副产物的生成，因而对于致突变前驱物含量高的水源而言，活性炭吸附是提高水质健康安全的重要工艺。近年来的一些研究也表明，生物活性炭净水工艺对降低水中的 AOC 含量也非常有效。对于有机物污染物含量高的原水来说，在强化常规工艺上增加预臭氧工艺及臭氧活性炭工艺是实现水质达标较为合理的技术手段。

臭氧-生物活性炭工艺根据臭氧接触氧化池在工艺中位置设置的不同，分为前置臭氧-生物活性炭工艺和后置臭氧-生物活性炭工艺两种形式。前置形式为臭氧接触氧化池和生物活性炭滤池置于沉淀池和砂滤池之间。后置形式为臭氧接触氧化池和生物活性炭滤池置于砂滤池之后。

前置臭氧-生物活性炭工艺将砂滤池置于炭滤池之后，主要是以降低生物活性炭滤池微生物泄漏为目标。由于生物活性炭滤池处理出水中微生物有明显的上升现象，隐孢子虫和贾第虫均有穿透炭滤池的可能，而且附着在细小炭颗粒表面的微生物对消毒有更强的抗性，因此，将砂滤池后置以砂滤保证最终出水浊度达标，有效的控制微生物泄漏风险，降低消毒成本。但是由于沉淀池出水经臭氧氧化后直接进入炭滤池，导致炭滤池中的有机物负荷相对较高，而缩短活性炭滤池的冲洗周期。

后置臭氧-生物活性炭工艺为臭氧接触氧化池和生物活性炭滤池置于砂滤池之后。砂滤池出水是后置的臭氧生物活性炭工艺进水，砂滤池出水浊度一般低于 0.2NTU，有机物负荷较低，活性炭滤池基本不承担浊度的去除，从而可以有效延长反冲洗周期（一般不低于 2~3 天），低反冲洗频率可以促进微生物的生长，提高生物降解能力，还可延长活性炭滤料的使用寿命，降低生产运行成本。但是在实际运行中，后置形式的臭氧-生物活性炭布置需注意微生物泄漏的风险，尤其是当反冲洗周期较长时。

3.3.5 膜处理技术

一百多年前，人们才合成了第一张人工膜，到了 20 世纪中叶，新型膜材料的研发及制膜工艺得到不断开拓，各种膜分离技术才得到快速发展，并在各行业得到了广泛应用。根据膜孔径大小应用于饮用水处理的膜可分为微滤膜（MF）、超滤膜（UF）、纳滤膜（NF）和反渗透膜（RO）。微滤膜可以截留 0.1~50μm 的污染物质。超滤膜孔径在 0.001~0.01μm，由醋酸纤维等高分子材料制成，是以压力差为驱动力的过滤方法。纳滤膜能截留纳米级污染物质。反渗透的孔径在 0.001μm，在压力条件下，水离子由高浓度流向低浓度。

微滤膜和超滤膜是低压驱动膜，能有效去除水中的颗粒物、浊度、细菌和胞囊，但对溶解性有机物的去除能力较低。为去除原水中溶解性有机物，可以采用其他处理技术将水中的溶解性有机物通过混凝、吸附或生物作用转移到固相载体上，通过超滤膜分离去除水中的这些固体颗粒，溶解性有机物也将随之被去除。因此在给水处理中必须与其他工艺相结合，如活性炭吸附或纳滤、反渗透等，才能保证出水水质。

膜工艺可用于去除饮用水中两虫、藻类、细菌和病毒，并且效果显著。研究表明，微滤膜和超滤膜出水浊度很低，出水的贾第虫和隐孢子虫数量可降至测定范围以下。传统工艺灭活贾第虫方法只有增加氯投加量，但氯投加量增加会引起水中消毒副产物的增加，而且贾第虫和隐孢子虫对消毒剂如氯、臭氧等有较强的抵抗能力，消毒剂不能保证百分之百的灭活效果。

膜处理法能有效减少消毒副产物的生成，在国内外得到广泛的应用。但是膜处理法对进水水质要求较高，长期运行易发生膜堵塞和膜污染等问题，投资和运行费用高，相信随着膜制造工艺的不断进步，此类问题将得到有效解决。

综上所述，城乡供水一体化的实践经验总结如下：

（1）区域性城乡一体化的供水可以集中选择较好的水源地，并有利于水环境保护部门重点管理，确保水源地不被污染，保证自来水厂的供水水质。

（2）规模化的自来水厂有条件采用先进的净水工艺，能较容易实现自动化运行，在供水水质、制水成本以及安全性方面优于小水厂。

（3）规模化的制水水厂通过对其输配水管网的科学调度运行，可以节约大量电力，在节约能耗方面比小水厂更具优势。

（4）集中的工业化管理有利于聚集技术和管理人才，在提高供水水质、降低管网漏损、提高水费回收，改善客户服务方面都能配备专业人才实行专业化管理。

4 管网检测评估与更新改造

在城乡一体化供水取得良好社会效益的同时，过快的城乡供水增长速度，给供水企业经营管理造成了很大的压力，加上农村供水通常采用总表制模式，管网运行的高效管理变得尤为重要。对于存在安全风险的管道，应该进行有效的检测与评估。通过检测评估对问题管道进行修复，利用评估体系对潜在风险高危的管道进行重点关注，从而保障城乡供水管网的安全和有效。

近年来，地下管线的检测与修复技术发展迅速，燃气管道、供水管道和排水管道均出台了行业标准。分别是：《城镇排水管道检测与评估技术规程》（CJJ 181—2012）、《城镇燃气管道非开挖修复更新工程技术规程》（CJJ/T 147—2010）、《城镇排水管道非开挖修复更新工程技术规程》（CJJ/T 210—2014）、《城镇给水管道非开挖修复更新工程技术规程》（CJJ/T 244—2016）。

4.1 管道检测与检漏

4.1.1 供水管道检测

干管检测可以降低管道失效风险，延长资产寿命，提高投资回报率。

实际检测表明，即使在0.7MPa的压力下长期运行，金属管道和普通预应力混凝土管道在失效前，也会经过长时间的泄漏（但管道的失效往往是突然的），在管道失效前进行风险点定位和维护是必要的。

另外，即使管道运行到了一定周期，通常也只有一小部分管道面临失效，而大部分管道是可正常使用，通过检测、评估、修复可以极大地延长管道的使用寿命，提高投资回报率。

采取合理有效的管道检测措施，选用精度高、操作简单、便于携带的设备，查明管道内壁损伤点位置，评估损伤程度。大口径干管需要检测的条件：管道局部出现过失效（包括外力造成的失效）；管道流量或压力不足，发现明漏；管道使用到达一定年限；考虑整体更换管道时；管道用途或运行条件发生了改变。

管道检测内容为：

（1）管道物理性检测（破裂、变形、腐蚀、气囊、薄壁、管馏、支管暗接等风险点定位）。

（2）接口检测（植物根须侵入、错位、脱节等）。

（3）管道环境分析（土壤及地下水取样分析，确认其是否有强腐蚀性）。

（4）设计调查（查阅管道建设时所用的设计标准，和现在使用的标准进行比较）。

（5）开挖取样（如必要，可开挖检查及取样分析，更详细地评价开挖处的管道）。

（6）长期管理（定期检测或实时监测）。

长距离输水大口径管道检测应不断水操作；应采用随水流移动的检测设备进行声呐和视频检测，检测管道是否存在漏水或气囊。

PCCP 管道检测：电磁法检测发现并量化预应力钢丝的断裂，提供断丝的位置、分布以及断丝数量。

金属管道检测：漏磁检测（MFL）是一种电磁的无损检测方法，用于检测有涂层或无涂层的金属管道的片蚀、点蚀和壁厚损失。金属管道状态评估最准确的方法是漏磁内检测（ILI），采用无损电磁方法对管道进行全方位扫查，找出因腐蚀或其他原因造成的损伤。

管道检测应全过程信息自动采集，实时上传保存，减少人为干扰因素和人为失误操作。供水单位可自建管道检测队伍；也可采取委托专业单位检测为主，自检为辅的方式。

完成检测后，检测机构应提供该管道的物理状况及土壤，地下水等环境数据，评估机构通过相关数据分析，和业主方讨论决定管道是否需要维修，更换以及继续监测。

4.1.2 管道漏点检测

目前管网的检测方法可以归纳为被动检漏和主动检漏。被动检漏顾名思义就是较为被动的发现管网漏损情况，即通过地面积水来发现管网漏损从而进行管网检修。而主动检测则是通过有组织的专门巡检来发现漏点，在地面积水发生之前排查出问题管道。管道漏损主动检测的方法有以下几种。

4.1.2.1 视觉观察

通过观察管线的压力、用水量变化曲线来判断是否可能存在漏损情况。通常白天的管网压力较低用水量较高，而晚上则相反。如果发现有部分数据与正常值存在明显背离，则可以推断可能存在漏损，应该重点关注。

4.1.2.2 听音检漏法

当管线存在漏点时会导致压力迅速降低从而产生低压波，通过声音信号检测装置可以接收到这些声波。但是这种方法一般容易受到外界噪音干扰，因此适合在夜深人静时进行，可靠性较高，根据经验，这种方法可以检测到地下 80%的漏点。

4.1.2.3 相关分析检漏法

利用管道两端的传感器接收漏水噪声的时间差，从而确定漏点具体位置的方法。由于使用相关检漏仪可以去掉外界的干扰信号，因此白天也可以使用它来检漏。根据使用经验，通常其检漏精度可达到90%左右，同时两个传感器距离不宜超过 200m。

4.1.2.4 区域装表法

在检测区域的进出水管上安装流量仪，通过进出水量差来判断是否存在漏水，一般适合单管进水的居民区。通过把供水区域进行分割，然后对每个小区域的总表和入户表同时记录，若差值小于规定值则能判定无漏损。

4.1.2.5 夜间最小流量法

夜间最小流量大部分时段出现在凌晨 1 点至 5 点。此时大部分居民已经休息，除了部分晚归者以及夜间冲马桶等用水外无其他用水。因此在此时间段内的最小用量最接近真实漏损量。

4.1.2.6 其他检漏方法

近年来，各种漏损检测新技术研究进展迅速，目前使用较为新颖方法有 CCTV 法、智能球检测法、Sahara 检漏法等技术。

4.2 管道评估方法

对于供水管网，可以利用工程风险分析理论，采用多因素综合评估法构建供水管线结构安全风险评估模型，通过对影响管线安全状态的因素对比及重要度分析，筛选管线结构安全的重要影响因素。模型采用层次分析法构建了三大项风险因素，同时建立风险因素的子评估项目，细化为 10 项基本评价指标，基本涵盖了供水管线结构安全性能主要指标。模型结构如图 4-1 所示，其中：

（1）管线荷载因素指标 S_L，包括埋深 h、管径 D、水压 P、管材 M、温差 T 和道路荷载 L。

（2）管线时间效应指标 S_T，包括管龄 A、历史事故 H。

（3）管线环境效应指标 S_E，包括土壤腐蚀环境 E、区域扰动影响 R 等。

采用指数评分法，将模型中影响供水管网结构安全的 10 项评价指标量化为对应的评价分值，对各个风险要素评估项目进行数据采集与评分，赋予各风险要素相对权重，得到目标层综合评分，表征供水管线风险。具体计算过程见式（4-1）~式（4-6）。

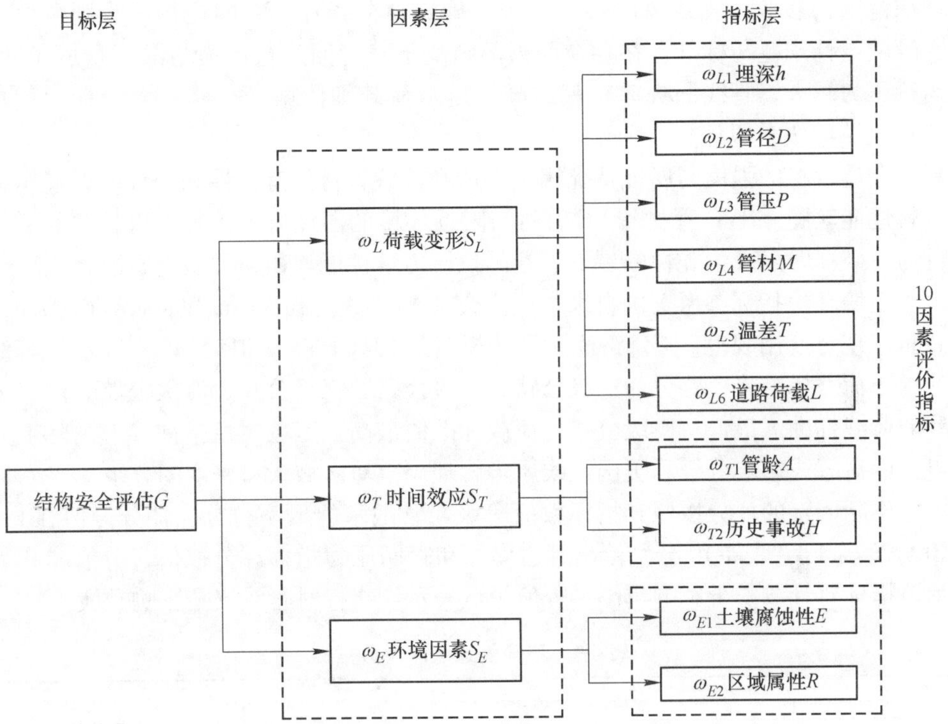

图 4-1　供水管线结构安全风险评估模型

$$G = \sum \omega_i S_i = \omega_L \cdot S_L + \omega_T \cdot S_T + \omega_E \cdot S_E \tag{4-1}$$

$$\omega_L + \omega_T + \omega_E = 1 \tag{4-2}$$

$$S_L = \omega_{L1} \cdot h + \omega_{L2} \cdot D + \omega_{L3} \cdot P + \omega_{L4} \cdot M + \omega_{L5} \cdot T + \omega_{L6} \cdot L \tag{4-3}$$

$$S_T = \omega_{T1} \cdot A + \omega_{T2} \cdot H \tag{4-4}$$

$$S_E = \omega_{E1} \cdot E + \omega_{E2} \cdot R \tag{4-5}$$

$$\sum \omega_{L_i} = 1, \sum \omega_{T_i} = 1, \sum \omega_{E_i} = 1 \tag{4-6}$$

式中　ω——指标权重；

S——各项指标的评分，分值（0~10）。

基于上述指标形成的管线结构风险评估指标体系，建立各项指标的评分准则，每项评分表示该项指标导致事故发生的可能性和影响程度，利用工程定量风险评价（QRA，Quantitative Risk Analysis）模型定量评价事故的发生概率。

不同评价指标通过力学计算、数值分析或参考规范指标等方式，确定指标评分标准。例如，根据不同管材的力学特性，金属材质的管线材料强度与其敷设的腐蚀状况密切相关，塑料材质的管线性能与初始敷设条件及其自身老化密切相关等，对供水管网中经常使用的特定管材种类进行评分。埋深则考虑国内供水管线埋深范围，参考《管线风险管理手册》确定评分指标。管网运行压力则参照供水管网设计规范与标准，在存在漏损的情况下，管网运行压力与漏损量成正比，运行压力越大，管线漏失率也就越高。道路荷载则依据《公路桥涵设计通用规范》道路等级分级评分。

金属管材的强度与腐蚀情况相关，球磨铸铁管材具有韧性和塑性，普通铸铁管材性能较脆。PVC 管材和 PE 管材与附近环境的温度有关，表现出长期的蠕变行为，破坏时表现为脆性断裂。钢管的拉压力学性能均衡，但易受腐蚀。

土壤环境指标参考美国自来水厂协会（AWWA，American Water Work Association）现行使用规范。《公路桥涵设计规范》（JTGD60—2015）以不同水平等级的均布荷载标准将道路分为一级公路、二级公路、三级公路、四级公路。四级公路的荷载标准值最低、一级公路的荷载标准值最高。区域属性指标参考国际上人口密度对管线影响分级和美国管线风险管理规范对区域人口密度的分级。

不同因素的评分按照其指标数值等级与管线事故概率打分，评分分值在 0~10 分，表 4-1~表 4-10 分别给出管道埋深和管网压力指标评分取值，分值越高表示该指标对管线安全影响越小；分值越低表示该指标对管线安全影响越大。

表 4-1　不同管道埋深评分指标

指标值特征/m	≥2.5	2.5~1.5	1.5~1	1~0.5	0~0.5
分值	10	9	7	4	2

表 4-2　不同管网运行压力评分指标

指标值特征/MPa	0.15~0.20	0.2~0.25	0.25~0.30	0.30~0.35	>0.35
分值	9	8	6	4	2

表 4-3　不同管径评分指标

指标值特征/mm	0~300	500~625	625~800	800~1000	>1000
分值	9	5	1	7	3

表 4-4　不同管材评分指标

管材	球墨铸铁	自应力水泥	PVC 管	预应力水泥	钢管	石棉水泥管	普通铸铁管	PE 管
分值	10	9	8	7	6	4	2	1

表 4-5　温度评分指标

温度/℃	<37	37~39	39~41	41~43	43~45
分值	9	7	5	3	1

表 4-6　道路荷载评分指标

道路等级	四级	三级	二级	一级
分值	10	9	8	7

表 4-7　管龄评分指标

管龄指标/年	<10	10~30	30~50	50~70	>60
分值	2	4	8	2	8

表 4-8　历史事故指标

指标值/特征	无	近 3 年发生事故 1~3 次	近 3 年常常发生事故
分值	10	5	0

表 4-9　土壤环境指标

指标值/特征	土壤腐蚀指标			pH 值			氧化还原电位			排水条件	
分值	>3000	3000~1500	<1500	4~8.5	2~4 和>8.5	<2	>100	100~0	<0	好	差
	5	差值取样	0	2	1	0	2	1	0	1	0

表 4-10　区域属性指标

指标值/特征	人口密度			管道标识			预防措施			公共教育	
分值	R 区	S 区	T 区	有/清晰	有/不清晰	无	常常巡检	偶尔巡检	从未	好	差
	5	4	1	2	1	0	2	1	0	1	0

注：R 区—乡村区域；S 区—郊区区域；T 区—城镇区域。

模型中指标因素权重的确定是影响模型准确性的关键要素，为保证指标权重的客观性，采取主成分分析法（PCA）动态获取因素指标的目标权重。

将管线事故的多个因素按照相关性排序，提取出导致事故的第一主成分因素、第二主成分因素等，采用各个因素对结果的贡献度表征模型中指标因素的权重。通过计算每个综合因素相应的信息量来确定权重。主成分分析的步骤如下：

（1）提取部分管线事故样本，将事故样本进行预处理，抽象组合出事故样本中统计因素项目的 $n \times p$ 相关系数矩阵（n 个样本、p 个因素）。

（2）将矩阵标准化处理，计算矩阵对应的协方差矩阵、特征值和特征向量。

（3）选择主成分及计算主成分的贡献度，按照特征值的比例表征指标的贡

献度 $\alpha_i = \lambda_i / \sum_{i=1}^{p} \lambda_i$，按照贡献度大小确定指标因素权重。

城市供水管网管线结构安全风险评估等级标准，将供水管线风险划分为五级，见表4-11。

表 4-11　供水管线安全风险评估等级标准

风险	符号	评分	风险对策	风险描述
Ⅰ级	F	0~4	无法实现预期功能	危险，具有普遍的恶化迹象，随时具有发生故障或事故的风险
Ⅱ级	D	4~5	风险	高风险，管线发生严重的劣化，直接影响其结构安全与运行功能
Ⅲ级	C	5~6	引起重视	中度风险，管线已有一般劣化迹象，部分在状态和功能方面存在明显的缺陷，潜在风险加剧
Ⅳ级	B	6~7	基本满足现状要求	低风险，管线总体满足现状要求，部分存在结构安全隐患
Ⅴ级	A	7~10	满足预期功能需求	安全，管线处于优良状态，可承受设计预期荷载作用及突发意外的环境影响

4.3　管网更新改造与二次供水改造

4.3.1　管网更新改造

为进一步贯彻落实《水十条》内容，提升饮用水水质，降低供水管网漏损率，促进城市节约用水工作，对供水范围内市政道路管网和街坊管网进行了梳理分析。由于高危管线、隐患管线服务期限长、管材落后，管道老化、锈蚀现象比较严重，爆管、漏水现象时有发生，严重影响居民用水质量和用水安全，为实现《全国城镇供水设施改造与建设“十二五”规划及2020年远景目标》和《水十条》中“保障城镇供水水质、扩大公共供水范围、降低供水管网漏损”的战略目标，应分年度对高危管线和隐患管线进行改造更新，并对落后管线进行梳理分析，在后期运维中密切关注，适时采取措施确保供水安全。

将服务年限超过50年的管道和混凝土材质管道定义为高危管线；将服务年限50年以内多次维修的管道和管材为UPVC的管道定义为隐患管线；将管网中扣除高危管线和隐患管线后，剩余灰口铸铁管管材的管线定位为落后管线；其中高危管线和隐患管线存在严重安全隐患，亟待更新改造。

管网更新改造的必要性如下：

(1) 切实保证供水水质，改善居民用水质量的需要。目前主城区道路敷设的供水管网中仍有服务期限超过50年和材质落后的管网，导致管网水质合格率较出厂水降低。自来水厂出厂水水质均能达到《生活饮用水卫生标准》（GB 5749—2006），随着国家对关乎人民健康的市政设施建设越来越重视，水质检测由出厂水、管网水延伸到用户龙头水的趋势。及时改造供水旧管网，才能真正让居民用上好水，从而保障居民用水安全。

（2）降低管网漏损率，建设节水型社会的需要。据统计，某市 2015 年全年埋地管维修次数共计 36157 个；2016 年 1～9 月累计埋地管维修次数 36650 个，其中寒潮期间（1 月 24 日～2 月 7 日）埋地管维修次数 5158 个。经过大量数据分析，其中铸铁管漏损约占 59%、白铁管漏损约占 12%，UPVC 管漏损约占 10%。事实证明对服务期限超过 50 年和材质落后供水管网进行更新改造，能够降低管网漏损率，提高用水效率，推进节水型城市建设，同时也可以梳理违章用水、非法接水，切实降低产销差。

（3）减少爆管率，提升供水安全的需要。据统计某市辖区内平均每月发生 1 次影响较大的漏水或爆管，其中爆管管线平均服务年限为 31.8 年，服役 20 年以上的管线占比 75%。及时改造供水旧管网是提升供水安全的必要保障。

4.3.2 上海市二次供水改造

2017 年 5 月，上海市政府办公厅转发市水务局等五部门关于推进本市郊区居民住宅二次供水设施改造和理顺管理体制实施意见的通知，为切实解决好城乡供水从源头到龙头的水质安全质量问题，提高居民二次供水设施建设和管理水平，改善供水水质和服务质量，巩固供水集约化成果，促进节能降耗，加强治安防范，更好地保障生活饮用水安全质量，根据住房城乡建设部、国家发展改革委、公安部、国家卫生计生委《关于加强和改进城镇居民二次供水设施建设与管理确保水质安全的通知》（建城〔2015〕31 号）和市政府办公厅转发的《关于继续推进本市中心城区居民住宅二次供水设施改造和理顺管理体制工作的实施意见》（沪府办〔2014〕53 号），现就推进本市郊区居民住宅二次供水设施改造和理顺管理体制工作提出了实施意见。

4.3.2.1 指导思想和基本原则

A 指导思想

以人民群众满意为宗旨，通过二次供水设施改造和理顺管理体制，全面提高供水水质，为切实改善民生、全力实现“十三五”经济社会可持续发展提供保障。

B 基本原则

政府推动，市区联手，居民自愿；统一规划，分工负责，共同推进；管水到表，完善服务，行业监管；市级补贴，居民补充，区级补足。

4.3.2.2 总体目标

沪府办〔2014〕53号文明确，各郊区应按照实际情况，参照中心城区二次供水设施改造方案，自行制定改造方案和年度计划，落实配套改造资金，明确责任管理部门，积极推进二次供水设施改造工作。

在2016年郊区试点推进二次供水设施改造工作的基础上，2017年全面启动，2018年基本完成改造任务，并逐步实现供水企业管水到表。通过改造和加强管理，使居民住宅水质与出厂水水质基本保持同一水平。

4.3.2.3 郊区二次供水设施改造的资金筹措

经初步统计，郊区建成区2000年以前的老旧住宅共4358万平方米，其中，非商品房1595万平方米，商品房2763万平方米。改造资金由供水企业承担水表改造中表具、表箱的材料费用，由房屋专项维修资金和区财政资金承担非商品房改造其余费用；由房屋专项维修资金承担商品房改造费用，不足部分由区财政落实解决。

按照分类指导、差别补贴的原则，市级资金根据各区二次供水设施改造任务及财力状况予以补贴。补贴范围为闵行区、嘉定区、宝山区、浦东新区、奉贤区、松江区、金山区、青浦区、崇明区九个区的非商品房二次供水设施改造项目。市级补贴标准分为两类：奉贤区、金山区、崇明区为一类补贴地区，补贴标准为14.1元/平方米；宝山区、闵行区、松江区、嘉定区、青浦区、浦东新区为二类补贴地区，补贴标准为7.6元/平方米。

有关区政府应制定二次供水设施改造资金管理办法，并报市水务局、市财政局备案。同时，有关区政府应报送改造计划和分年度资金需求，经市水务局审核后向市财政局提出资金申请；市财政局审核后，按照改造计划数的70%安排补贴资金，并纳入市与区专项转移支付的范围。项目完工清算后，下拨剩余市级补贴资金。

4.3.2.4 组织领导和工作机制

A 建立推进平台

各有关区成立由区政府分管负责人担任召集人，水务、财政、建设、房管和卫生计生等相关部门参与的区二次供水设施改造联席会议（以下简称联席会议），对二次供水设施改造工作进行统一领导、综合协调、全面推进和监督检查。联席会议下设日常工作推进办公室。

B 明确职责分工

市住房城乡建设管理委负责总体政策研究、综合协调推进，指导相关区做好居民意见征询、设施移交等工作，督促物业服务企业做好移交前的二次供水设施的运行维护。市水务局负责二次供水设施改造和接管工作的组织推进，组织编制改造工作的年度计划，并协调推进落实。市卫生计生委负责组织实施涉及居民住宅二次供水设施的建设项目预防性卫生审核。

有关区政府是二次供水设施改造和管理工作的责任主体，负责落实除市级补贴与供水企业自筹外的改造资金。区政府有关部门负责具体推进二次供水设施改造和移交接管工作，并做好居民意见征询工作。各区二次供水设施改造主管部门（单位）负责编制改造年度计划，按照有关要求，具体组织项目实施和配合做好设施管养移交工作。各相关街道办事处（镇政府）负责做好具体协调配合工作。

相关供水企业负责做好委托项目的具体实施和全面统一接管养护等工作，参与年度改造计划的编制，二次供水设施改造方案的审定、施工监管、工程验收和二次供水设施改造时水表工程的实施。

4.3.2.5 管理体制

A 设施接管

实施二次供水设施改造的居民住宅小区，竣工验收合格后，由供水企业同步实施接管工作。对改造范围外的住宅小区，采取分类分批接管的方式，按照先新建住宅小区，后已建成住宅小区的顺序，逐步开展接管工作。到 2020 年，全面实现本市住宅小区二次供水设施由供水企业管水到表。

B 管养经费

供水企业承担的管养经费可列入供水成本，但应单独核算，并纳入供水企业成本规制、成本监审范围，通过价格机制逐步解决。物业服务企业相关服务费用及水泵运行电费，仍按照原渠道由业主承担。

C 监督管理

市、区水务部门负责城市供水水质的监督管理，通过建立和完善二次供水水质监管体系，加强水质监测；市、区卫生计生部门负责组织对二次供水设施管理单位的卫生监督检查，定期对二次供水水质状况进行抽检，确保居民用水安全。

供水企业管水到表后，要合理设置服务站点。各服务站点要与各供水企业服务中心联网，形成覆盖供水范围的二次供水设施管理服务网络，24 小时受理供水用水问题。在小区街坊管、水箱和水池增设水质检测点，定期公布水质情况，实施专业化管理，不断提升服务水平。

4.4 管道漏损检测案例与评估应用

近几年各地水司为了降低产销差排查管网问题，都根据自身实际情况采用了一些管网检测评估手段，但大多方法相对传统，有其局限性。想要进一步突破在管网检测中的瓶颈，除了利用听音检漏、压力分析等传统检漏技术之外，还可以尝试国外一些新的先进检测评估技术。

4.4.1 Permanet+区域漏损普查系统

4.4.1.1 技术简介

Permanet+区域漏损普查系统是由英国豪迈水管理公司所研究开发的漏损控制系统。它是通过多个 GPRS 记录仪来记录和接收数据，从而分析管网中是否存在漏点。Permanet 系统数据记录仪如图 4-2 所示。

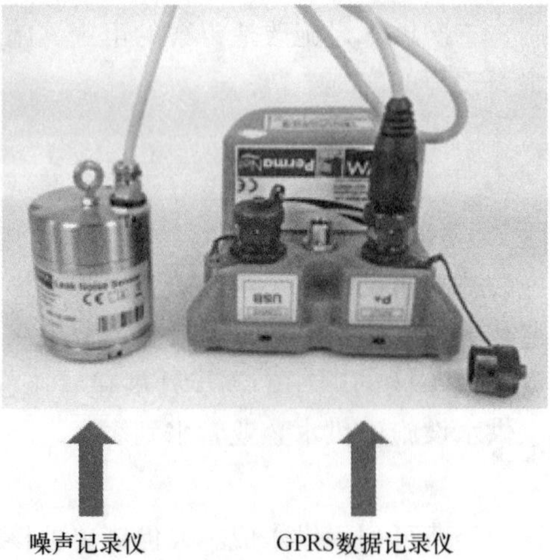

图 4-2 Permanet 系统数据记录仪

该记录仪具有 GPRS 或 3G 模式、自供电、IP68 防护等级、探头底部磁铁可吸附在金属管道或阀门上，安装非常简易等特点。安装完毕后，Permanet+区域漏损普查系统通过内部算法（噪声水平和持续性等参数）判断漏点，从而可以自动渗漏报警、远程噪声监听验证漏点、远程相关计算漏点位置并且可以通过分析历史曲线判断漏损趋势，利用 Permanet+区域漏损普查系统可以对重点区域开展快速普查，同时这一系统也能接入第三方的 SCADA 系统，方便管理运行维护。

漏水噪声记录系统是由多个记录仪（探头）组成的整体化的声波接收系统。多台记录仪探头安装在管网上不同地点，如消防栓、阀门或其他管件，按预定时间（如夜间 2: 00~4: 00）同时开关机，并记录管网的噪声信号和声音，该信号和声音经数字化后贮存在记录仪探头的存储器内，并可传输到主机或 PC 机，经专业软件进行分析处理，从而查明记录仪附近管道是否存在漏损。

4.4.1.2　应用案例

在 A 市区域的某路段 2 个阀门井（A 阀门井和 B 阀门井）内，对 Permanet+区域漏损普查系统进行了性能测试。两个阀门井相距 83m，连接阀门井的管径为 *DN*300 的球墨铸铁管，于上午 10 点放置接收设备，并设置在每日凌晨的 2~4 点进行工作，利用 GPRS 进行无线数据远传。选点及安装如图 4-3 所示。

图 4-3　Permanet+区域漏损普查系统布设图

根据计算结果显示，漏点距离一端位置为整个距离的 66.7%，而两个阀门井距离 85m，因此计算所得漏点距离 A 阀门井约为 29m。

如图 4-4 所示，根据人工听漏获得所得位置，通过开挖发现泄漏点位置距离 A 阀门井约为 33m，相差 4m，应用较为成功。

在 Permanet+区域漏损普查系统整个安装过程中，仅将两台探测器装在阀门井处，系统就会自动记录管网的噪声信号和声音，该信号和声音经数字化后贮存在记录仪探头的存储器内，并可传输到主机或 PC 机，经专业软件进行分析处理，从而查明记录仪附近管道是否存在漏损。

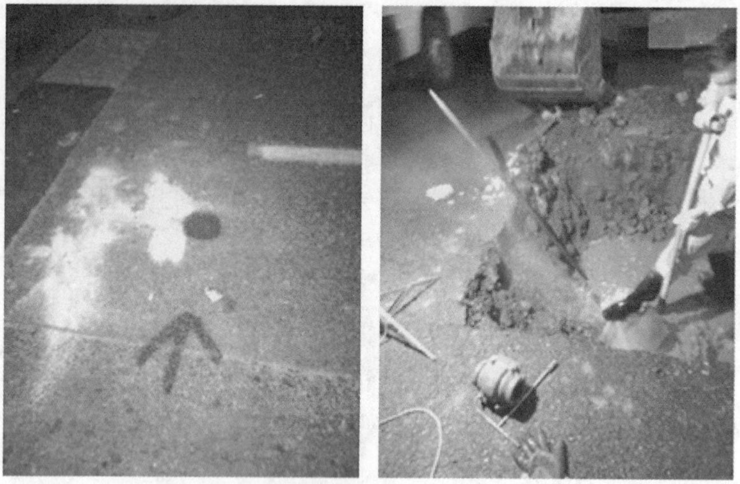

图 4-4　现场开挖情况

4.4.2　智能球技术

4.4.2.1　技术简介

智能球是由加拿大 Pure Technologies 公司所研发的一种漂浮式检漏系统，适用于非金属的大口径输水管道。该系统在管道中随水流漂浮进行漏损检测。该系统为一个直径约 6cm 的防水铝芯，内部集成了微处理器、声传感器、旋转传感器、温度传感器、声脉冲发射器及存储器等。智能球通过专门装置塞入管道，随着水流滚动前进，并连续记录管道声波信号。

智能球内部结构如图 4-5 所示。

智能球可以采集到用于识别漏水点和滞留气囊的高质量声波数据。其余的漏水点检测技术例如噪声记录仪和相关仪器设备，只能识别处在每两个传感器之间的单个漏水点或者气囊，当传感器之间存在多个声波异常时，这些技术就无法准确定位漏水点了，然而智能球可以经过每一个声波异常点。

图 4-5　智能球内部结构

4.4.2.2　应用案例

在 B 市的某路段 *DN*800 输水干管进行了智能球检测。采用智能球检测的主要目的是查找并定位管道漏水点以及管道内的滞留气囊。

通过检测没有发现漏水点或气囊，但发现 1 处通过消防栓模拟的漏水点。具体检测方法如下。

A 智能球投放与回收

智能球投放工具用于投放智能球时夹持住泡沫球和铝制核心球，经过阀门后再把智能球释放到水流中。

投放工具可以保护智能球以免在经过投放阀门或直管时被阀门上的残骸或者结垢卡住或者损坏。图 4-6 为投放与回收。

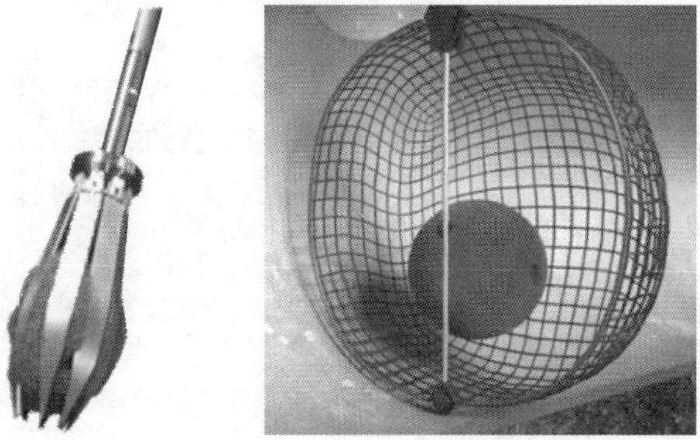

图 4-6 投放与回收图

B 智能球的定位

在管道沿线共安装若干声波传感器以跟踪智能球在管道中的行踪及进度。智能球信号接收器（SBR）和这些声波传感器通过同轴电缆连接。

图 4-7 所示为 *DN*800 智能球离投放点的距离（通过 SBR 获取的数据计算所得到）和时间的关系曲线，斜率代表智能球的瞬时速率。*DN*800 管线检测时，在回收点前约 2m 处存在 45°的爬坡，由于流速过低，智能球停滞了约 8min，因此加大管线流速，智能球于 11:24:19 AM 进入回收网。

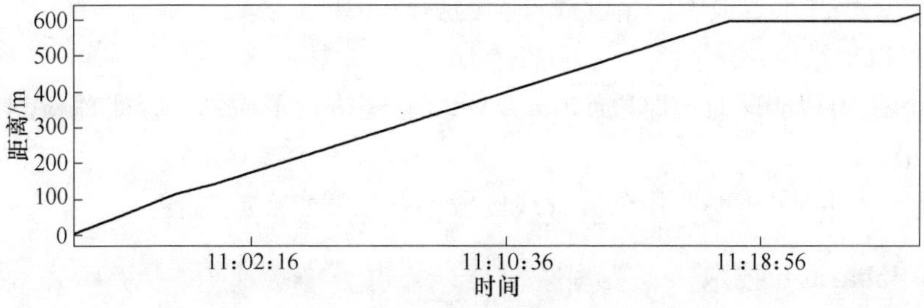

图 4-7 检测时智能球的位置-时间关系曲线

检测时智能球瞬时速率-位置关系曲线如图 4-8 所示。

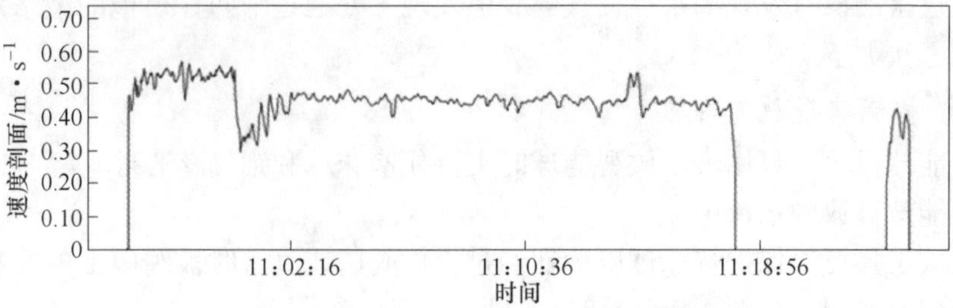

图 4-8　检测时智能球瞬时速率-位置关系曲线

C　漏水点和异常点总结

图 4-9 所示为本次智能球检测的声波信号与位置的关系曲线。分析智能球记录的声波数据，再与 SBR 记录的位置数据进行对照，即可对每个声波异常点进行定位。对本次智能球检测所找到的漏水点总结如下。

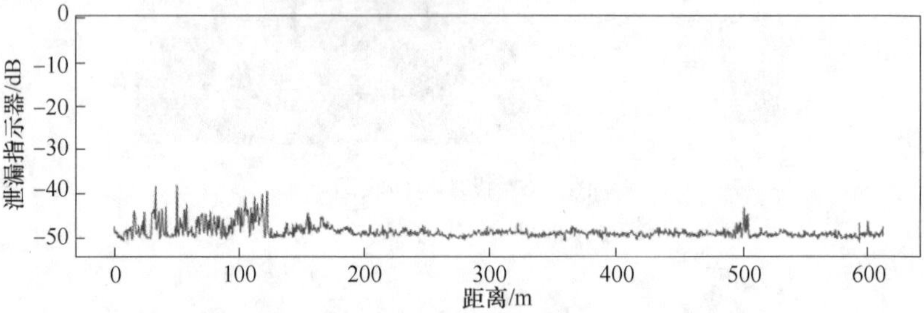

图 4-9　智能球采集的声波信号-位置关系曲线总览图

从上面声波的总览图上可以看到一些异常的尖峰，这些尖峰可能是管道外部的环境噪声源所产生的，比如水泵噪声或者附近的工程施工，这些噪声很容易和漏水点区分出来。另外其他的一些和漏水点特征相似的点，经过进一步分析也能正确分辨，此外还可通过分析噪声频率识别是否为漏水点。在通常情况下，背景噪声的频率比漏水点或者滞留气囊产生的噪声频率低很多。

最终得出结论：

（1）采用智能球对该路段 520m *DN*800 管道进行了检测，智能球检测总计用时 27min。

（2）检测结果表明所检测的管线区段不存在漏水点或气囊。

4.4.3　Sahara Ⅱ技术

4.4.3.1　技术简介

Sahara Ⅱ是一项基于声学的、无损的状态评估检测技术，可在不影响管网正常供水运营的状态下注入管道内部，对管道的多种状态进行检测。适用于管径 $DN \geqslant 300$mm 的任意类型和材质的管道，能够检测泄漏、滞留气囊，并能通过闭路电视检查管道结构缺陷。Sahara Ⅱ 检测系统包含以下组件：

（1）包含声波、视频（包括 LED 照明）的串式传感器。

（2）传感器追踪系统。

（3）辅助传感器插入运行中管道的插入组件。

（4）光缆卷筒（包括传感器的光缆通信集成管）。

（5）处理音频/视频的一系列电子设备。

使用插入组件将带有牵引伞的传感器通过 DN150mm 的套管插入到运行的管道中。牵引伞依靠水流的推力拉着传感器在管道中前行，在流速较大且没有弯管的情况下，单次插入在管道前行的最大距离为 1.5km。整个检测过程是在带压下进行，不需要停水作业。图 4-10 为典型的 Sahara Ⅱ 检测系统配置图。

图 4-10 Sahara Ⅱ 系统总体配置图

当发现漏点、气囊、管瘤等问题需要定位时，可使用 Sahara Ⅱ 跟踪器在地面进行定位。Sahara Ⅱ 跟踪定位器是一种频率极其低的声波发射器，在检测管道中 Sahara Ⅱ 串式传感器头部的微型接收器能收到其发出的信号。此设备可跟踪 10m 埋深的金属干管中的传感器。

Sahara Ⅱ 相比智能球可以更加直观地输出管网的视觉图像信号，通常在较为复杂的管网系统和市区管网中进行使用。在管网探测之前需要对仪器进行组装调试，通过水流牵引调整可视角度与可视界面。如果有漏损情况发生，将在视频界面中产生相应的信号提示，根据不同的漏损情况会产生出不同的漏损信号，具体如图 4-11 所示。

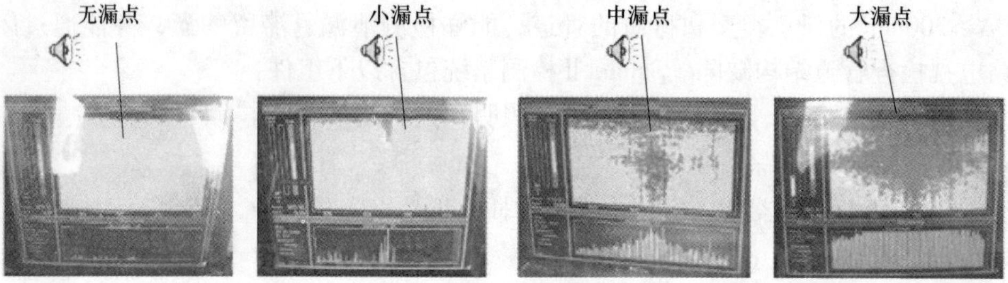

图 4-11　Sahara Ⅱ检漏信号

Sahara Ⅱ除了可以清晰直观地反映管网中的现实影像情况，同时也能对管网的平均管道壁厚进行评估，排查未来可能发生爆管漏损的管段。

4.4.3.2　应用研究

利用 SaharaⅡ对 A 市的某路段 *DN*500 管道的检测工作。该路段 *DN*500 的管道埋设于 1978 年，长度约 200m，距今将近 40 多年，目前仍在运行。对该管道进行了检测结果见表 4-12。

表 4-12　路段 SaharaⅡ检测结果汇总

检测地点	管径/mm	材质	管道历史	长度/m	内涂层损坏	管瘤数量
某路段	500	铸铁	1978 年	197.6	1	5

通过检测共发现整段管道有 6 处问题，其中 5 处管瘤已经影响到输水能力，另外还发现 1 处内涂层轻微损坏。检测管道 6 处问题断面截图如图 4-12 所示。

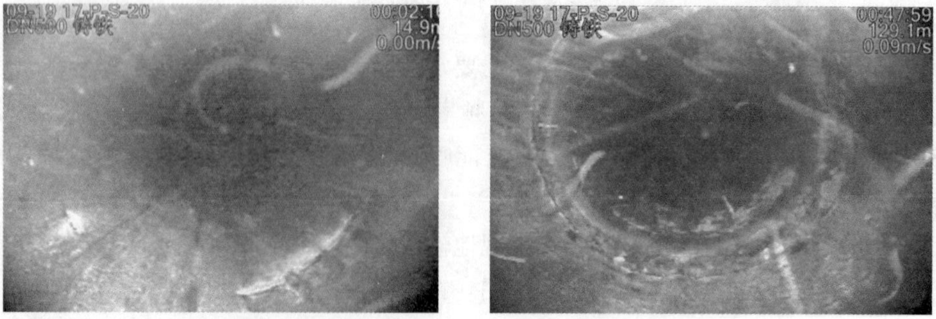

a　　　　*b*

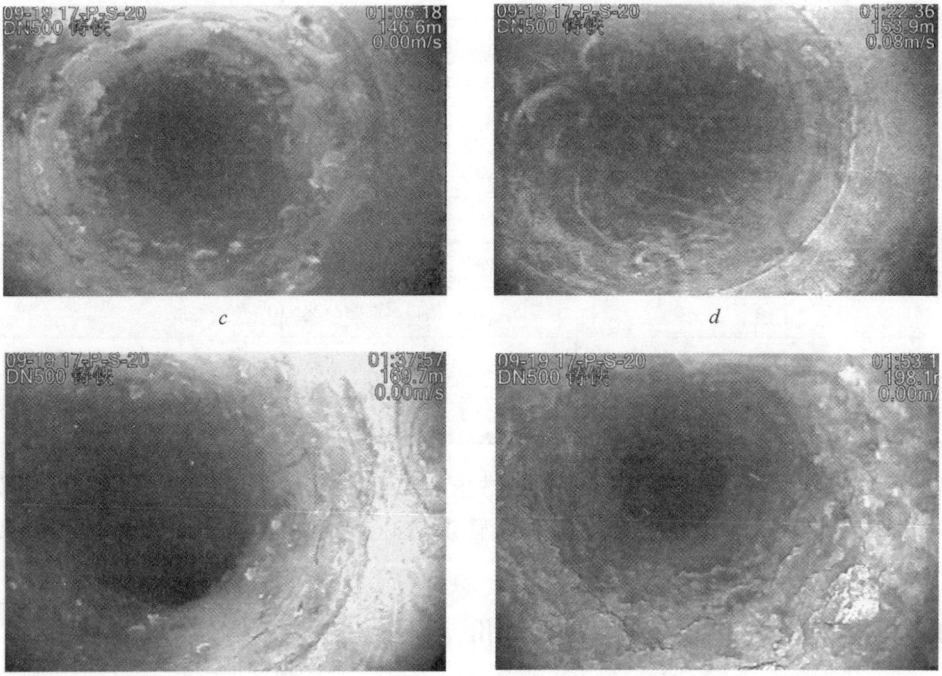

c　　d

e　　f

图 4-12　检测管道 6 处问题断面截图

a—14.9m 处内涂层轻微损坏内部截图；*b*—129.1m 处管瘤内部截图；*c*—146.6m 处管瘤处内部截图；*d*—153.9m 处管瘤处内部截图；*e*—169.7m 处管瘤处内部截图；*f*—198.1m 处管瘤处内部截图

对这 6 处管道问题进行评估，发现其中：管道内涂层脱落的占比为 3%、管道管瘤凸起≤10%R 的占比为 10%、管道管瘤凸起>10%R 的占比为 5%、接口中度腐蚀的占比为 50%、接口管瘤≤10%R 的占比为 10%、接口管瘤>10%R 的占比为 5%。参照管道受损评价因素见表 4-13。

表 4-13　参照管道受损评价因素

受损状态评价因素（*S*&*P*）		受损所处位置；受损程度说明	受损程度系数（*C*）
（一）受损面积占比 *S*/%	内涂衬脱落面积/管道面积	S_1（%）管道、配件、接口；各种内衬脱落	0.2
	腐蚀面积/管道内壁面积	S_2（%）管道；轻度腐蚀	0.3
		S_3（%）管道；中度腐蚀	2
		S_4（%）配件；轻度腐蚀	0.3
		S_5（%）配件；中度腐蚀	1.5
		S_6（%）接口；轻度腐蚀	0.3
		S_7（%）接口；中度腐蚀	1.5

续表 4-13

受损状态评价因素（S&P）		受损所处位置；受损程度说明	受损程度系数（C）
（一）受损面积占比 S/%	管瘤面积/管道内壁面积	S_8(%) 管道；管瘤凸起≤10%R	0.3
		S_9(%) 管道；管瘤凸起>10%R	2
		S_{10}(%) 配件；管瘤凸起≤10%R	0.3
		S_{11}(%) 配件；管瘤凸起>10%R	1.5
		S_{12}(%) 接口；管瘤凸起≤10%R	0.3
		S_{13}(%) 接口；管瘤凸起>10%R	1.5
（二）异常数量 P（处）	漏水、气囊、裂缝、严重腐蚀	P（处）管道、配件、接口；异常	1.0

将权重系数代入公式计算：受损数值 $\alpha=\Sigma SC+\Sigma PC=0.99$，得出受损管段的状态评估等级为较高，建议应对该管道进行重点关注并及时进行管道修复工作。

4.5 管道检测评估技术的优劣评价

通常来说，对于管道检测评估技术的优劣评价应从以下几个方面加以考虑：

（1）灵敏度。检测系统所能检测到的最小漏损量。

（2）定位能力。检测系统能否能对现有漏点进行定位，并且比较实际漏点与估算漏点误差来评价定位能力。

（3）评估泄漏检测能力。系统对泄漏量大小能否检测，若能检测则进一步看能检测的泄漏大小的能力。

（4）检测时间。检测系统从开始漏损到通过系统检测出泄漏所需要的时间。

（5）有效性。检测系统是否能连续检测整条管道。

（6）误报警率。由于操作失误和设备故障等因素会使泄漏检测系统发生误报警，因而误报警率也是评价的一个重要指标。

（7）适应能力。检测系统对不同的输送介质、不同的管道环境或者管道发生变化时，是否具有通用性。

（8）可维护性。当检测系统本身发生故障，能否被简单快速地进行维修。

（9）费用。检测系统在建设、运行和维护时所需要的所有费用。

（10）性价比。检测系统建设运行和维护的花费与系统所能提供性能的比值。

对于如何选择管道检测方法，如果管道泄漏检测的方法能满足以上 10 点，则此方法经济适用、具有可行性。在考虑以上评价指标的情况下，对于中小管径存在多分支配水的管网在线管道检测技术的选择应注意以下几方面：

（1）建立在该管网的硬件设备上可满足实时在线要求，来提高检测的准确度。

（2）判断管道的实际条件和周边环境，即通过对管道管材、噪声、该管段压力变化情况等内外因素的了解，选择相适应的管道检测方法。

（3）针对所选管道检测评估方法，制定详细的检测技术方案。

5 管网漏损控制与分区计量

目前我国的水资源问题十分严峻，供水管网漏损率也在逐年上升。因此，城乡一体化供水需要优化资源配置，调整产业结构，依靠科技高效供水。影响供水企业效益最主要的因素之一是漏损率的大小，各供水企业目前主要任务是如何通过降低漏损率，提高供水企业经济效益。本章主要介绍供水管网的漏损评估方法、漏损控制方法和分区计量，着重介绍独立计量区。

5.1 漏损评估方法

漏损评估旨在使供水公司及用户对管网漏损水平有所了解，而不考虑实际管网漏损位置等问题。迄今为止，漏损评估方法大体可以分为两类，即自上而下和自下而上的评估方法。

5.1.1 自上而下的评估方法

自上而下漏损评估方法主要是针对特定系统评估漏损，宏观地按不同的消费途径评估系统中的各类水量。主要有 IWA 方法和英国的 OFWAT 方法，尽管这两种方法十分相似，但两者仍然不同，对于一些水平衡组成部分的术语和定义略有差异。自上而下的评估方法较为简洁，该方法得到的结果是比较粗略的估计，因此这种方法通常结合其他方法并用，评估结果有利于提供漏损研究的方向，但是该方法无法确定潜在漏损区域或是定位漏损。

5.1.2 自下而上的评估方法

自下而上的评估方法可以证实自上而下评估方法中的数据。自下而上评估方法涉及公司运营的各方面：账单计量、配水系统和计费原则等。主要目的是确定配水系统的效率和需要采取的措施，自下而上的评估方法需要最准确和最新数据。

自下而上的真实漏损评估有两种方法：

（1）24 小时区域测量（HZM）。HZM 方法需要一个暂时独立的区域，该区域只有一条或两条供水点，在这些区域，需要记录 24 小时流量和压力。

（2）最小夜间流量（MNF）分析法。MNF 方法是通过估计真实漏损水量即从最小夜间流量中减去夜间合法用水量，进而估计日漏损水量，通常城镇最小夜间流量出现在凌晨两点至四点。1982 年 Stenberg 研究发现日漏损量等于夜间漏损量乘以 20 小时，这种算法没有考虑压力变化的影响。2001 年 Lambert 建议使用 FAVAD 模型计算漏损量，模型公式如下：

$$q = k \cdot H^{\beta} \tag{5-1}$$

式中 $k = C_{d}b \cdot (2g)^{\beta}$；

q——单位管长漏损量，m^3/s；

β——漏损指数；

C_d——流量系数；

b——漏口面积，m^2；

g——重力加速度，m/s^2；

H——压力水头，m。

漏损指数是变化的，固定漏损口漏损指数约为 0.5，变化的漏口（管道裂纹）漏损指数约为 1.5。真实漏损量的变化是由压力变化引起的，根据 FAVAD 可以得到压力与漏损量关系：

$$\frac{L_1}{L_2} = \left(\frac{H_1}{H_2}\right)^{\beta} \tag{5-2}$$

式中 L_1, L_2——漏损速率；

H_1，H_2——压力水头。

因此根据夜间最小流量的测量，可以模拟 24 小时漏损量。

一般量化真实漏损体积是将自上而下、自下而上和成分分析方法结合使用，成分分析得到的漏损体积可以区分由爆管、暗漏、背景漏损等各种原因引起的真实漏损所占比重，可为降低真实漏损提供针对性的有效方法，国际水协（IWA）公布的标准水量平衡见表 5-1。大部分城市都有自己的漏损指标，如日本和德国以每小时单位干管漏损量为指标，目前最常用的是漏损指标基础设施指数（*ILI*），基础设施指数不仅能在城镇范围持续使用而且可以一定程度上表征基础设施的条件，但是 *ILI* 的主要缺点是非技术人员很难理解它，除此之外，它没有考虑漏损管理的相对成本，*ILI* 指标另一个优势是可以用于计算漏损指数：

$$\beta = 1.5 - (1 - 0.65/ILI) \cdot \frac{p}{100} \tag{5-3}$$

式中 p——刚性管道在管网中所占比例。

通过式（5-3）可以计算出不同管网、城镇和地区的漏损指数。国际水协（IWA）公布的标准水量平衡见表 5-1。

表 5-1　国际水协（IWA）公布的标准水量平衡

<table>
<tr><th>A</th><th>B</th><th>C</th><th>D</th><th>E</th></tr>
<tr><td rowspan="10">系统进水量</td><td rowspan="4">授权用水量</td><td rowspan="2">授权且计费用水量</td><td>计费且计量用水量</td><td rowspan="2">收取水费水量</td></tr>
<tr><td>计费未计量用水量</td></tr>
<tr><td rowspan="2">授权未计费用水量</td><td>未计费计量用水量</td><td rowspan="8">无收入水量</td></tr>
<tr><td>未计费未计量用水量</td></tr>
<tr><td rowspan="6">漏损水量</td><td rowspan="2">管理漏失量</td><td>未授权用水量</td></tr>
<tr><td>计量误差造成的漏失水量</td></tr>
<tr><td rowspan="4">物理漏失量</td><td>原水干管和水厂的物理漏失水量</td></tr>
<tr><td>输/配水管网的漏失水量</td></tr>
<tr><td>输/配水管网和储水池溢流、漏失水量</td></tr>
<tr><td>服务连接点到测量点间的漏失水量</td></tr>
</table>

5.2　漏损控制方法

漏失可分为背景漏失、明漏和暗漏三类。背景漏失也称为不可避免漏失量，普遍存在管道间接口处和管件接口等处，不易发现而且很难维修。可避免的漏失是明漏和暗漏，其中供水管网中最普遍存在的漏失状态为暗漏，其主要特点是不易发现，难以控制，大约占整个漏失水量的55%。暗漏一般采取主动探漏的措施，主动探漏需要检测工作人员具有较高专业和经验要求，实施过程中具有一定的难度。明漏是指供水管网发生的漏损相对较严重，具有短时间漏失水量大的特点，易出现地面积水甚至形成水柱喷水或是其他较易被发现的现象，通过肉眼观察或是简单探漏即可发现，这类漏损一般都会被居民用户举报，其中爆管就是明漏的一种。

5.2.1　压力控制

经济效益是衡量漏失控制技术优劣的关键指标。当前经济效益最好的漏失控制方法是压力控制。压力控制通过对压力分区管理，实现漏损控制。这种方法能有效减少企业投入，包括供水泵站电费、爆管维护费等。此外压力控制方法也能减少水资源的浪费，提升社会效益。针对压力控制方法，国内外研究人员开展了大量研究工作，研究及实践表明，供水管网压力的大小对漏失水量和爆管频率两项指标有较大影响。随着管网压力提高这两项指标也会增大。目前的压力管理方法并不多，通常是在控制层面上，对压力进行优化处理。

智能减压阀管理管网压力计技术是将机械和计算机专业相融合的技术。本文主要介绍的是供水系统二级分区入口处的智能减压阀，有 4 种压力控制策略。依次是固定阀后压方式、分时段调节阀后压方式、基于入口流量调节阀后压方式、基于最不利点调节阀后压方式：

（1）固定阀后压控制方式，其主要优点为初期投资少、易于管理、运行时无电耗、有利于节能。主要缺点是降漏效果不明显，原因是供水管网压力需要满足最高日最高时最不利点用户压力需求，导致固定阀后压力一直保持最优状态。

（2）分时段控制方式，其主要优点是入口压力值可根据时段调整，一定程度上降低各时段供水管网各时段供水压力。缺点主要是在供水管网系统出现用水模式变化或爆管等事故时，该控制方式不能智能地做出临时反馈。

（3）基于入口流量调节阀后压控制方式，该方式是通过在 DMA 分区入口安装智能减压阀，并在一定时间进行调试，确定 DMA 分区内流量-压力变化曲线，依据流量-压力变化曲线智能减压阀对 DMA 区域进行智能模式性的压力管理。该方式的主要缺点是调试期间对压力控制的反应时间较长，需要反复不断修正流量-压力曲线，使其鲁棒性更好。

（4）基于最不利点控制方式，该方式主要依据最不利点压力表数据，智能减压阀对区域入口处压力进行调节。主要优点是可以让区域内压力全天保持最优状态，缺点是该方式依赖通信设备。通信设备的稳定性对控制影响巨大，若要保证良好的稳定性，初期投资就需要在通信设备方面进行较大的投资，并涉及后期对这些通信设备的日常维护和故障检修等工作，工作量大。

智能减压阀管理管网压力计技术的选择，需要综合考虑，如设备价格、通讯建设投资、控制层面算法复杂性的可接受度、漏失降低所带来经济效益，针对不同城市供水管网具体情况进行优选。

5.2.2 漏失检测定位

对于漏失检测方法，过去几年在基于设备和数值模拟两个方向已经取得重大进展。基于硬件的方法（如相关仪器）仍然保持在检测精度方面的优势，基于设备的漏损检测方法详情可参见第 4 章，但是相对于数值模拟成本更高。数值模拟漏损检测方法是在线模型包括多种人工智能技术，如神经网络对压力水量的预测，小波去噪、模糊设置和贝叶斯网络加强推理分析等，但是实时在线模型的成功发展需要能够融合漏损检测及评估技术、水力模型和主动漏损控制等方法。数值模拟方法特别是针对管网实时漏损检测和漏损报警方面，该方法因压力和流量等传感器技术的最新发展而更易实现，如现在已经开发出的水质（如浊度）传感器，可以在管网中使用，通过水质传感器数据来指示漏损，浊度增长很有可能意味着发生了爆管。

5.2.3 管道更新改造

2015 年 4 月，国务院正式发布《水污染防治行动计划》（下称《水十条》）。

《水十条》中提出加强城镇节水：对使用超过50年和材质落后的供水管网进行更新改造，到2017年，全国公共供水管网漏损率控制在12%以内；到2020年，控制在10%以内。到2020年，地级及以上缺水城市全部达到国家节水型城市标准要求，京津冀、长三角、珠三角等区域提前一年完成。当前比较关注管网的更新改造方案的研究，管龄长的管道更容易发生漏损，管道漏损产生的年均水量损失和维修成本随着管龄增长而增长，而管道的年均更换成本则降低，20世纪70年代研究管网的更新改造方案的目标是使两者之和即管道的维护总成本最小。经过几十年的发展，管网更新改造方案目的不仅仅是使得管道维修成本最小，同时也需要关注安全性等多种因素。目前在管网实际更新改造工程中，往往仅考虑管龄长短来进行管网更新改造，实际上，决定管网更新优先级的因素不是只有管龄，还有如管道漏损频率、管材、管道在管网中的重要程度等因素。供水企业在进行管网更新改造工程时需通过多因素考虑，从而可以降低管网漏损，提高管网承压能力。

5.2.4 提高维修速度

提高维修速度对降低和控制管网漏损率具有重要作用，这需要重视专业技术人才队伍的建设，同时需要完善工作制度，努力提高漏损检测和维修人员的业务水平。目前大多数供水企业都重视漏损控制工作，为漏损控制工作专门成立漏损控制部门，对漏损控制工作相关人员进行漏损控制工作的相关培训学习，建立工人检漏奖励制度，提高工人工作的积极性等。许多供水企业利用计算机技术对管网基础资料进行数字化管理，建立管网水力水质模型，开发管网漏损监测预警系统，对日常检漏和修复工作具有辅助作用，从而提高控制漏损工作效率。

5.3 分区计量

供水管网分区计量是指将整个城镇供水管网划分为若干供水区域，对区域内管网进行压力、水量、水质等监测，从而实现供水管网漏损分区量化及有效控制的精细化管理的目标。根据CJJ92—2016，分区计量主要分两种：区域管理和独立计量区（DMA）。

2016年11月，住建部和国家发改委联合印发《城镇节水工作指南》，要求一是改造老旧供水管网。对使用管龄超过50年的供水管网、材质落后和受损失修的管网实施更新改造。同时，排查和修复漏损供水管网。二是鼓励开展管网独立分区计量管理。在普查基础上建立公共供水管网信息系统，鼓励开展管网独立分区计量体系的建设，并完成相应的管网分区局部改造、泵站改造、分区阀门及计量设备安装等工程。三是重视居民小区漏损控制。结合小区二次供水设施改造，有计划地同步实施小区漏损管网改造。强化居住小区计量管理，鼓励建立小区 DMA 管理模式，健全总分表匹配和分析机制，实施三级计量防漏措施。逐步更新改造不符合要求的小区。

2017 年 1 月，国家发改委、住建部、水利部联合发布《节水型社会建设“十三五”规划》，要求推进城镇供水管网改造，加快对使用年限超过 50 年、材质落后和受损失修的供水管网进行更新改造，减少供水管网“跑冒滴漏”和“爆管”等情况的发生，到 2020 年全国城市公共供水管网漏损率控制在 10%以内。完善供水管网检漏制度，通过供水管网独立计量区（DMA）和水平衡测试等方式，加强漏损控制管理，在漏损严重或缺水城市开展供水管网 DMA 管理示范工程。目前，住建部正组织编制《城镇供水管网分区计量管理工作指南》，推进 100 个城市开展分区计量工程实施。

5.3.1 区域计量全过程管理

区域管理是管网管理的主流方向，有必要将此理念贯穿于管网规划、设计、施工和运行维护的全过程。供水管网分区规划应作为供水专业规划的重要内容予以纳入。有必要利用分区管理理念对整个管网布局制定相对完善的分区规划，以指导后续的管网建设和更新。在管网设计阶段，管网技术管理部门有必要进行严格的会签，以保证管网布局结构简洁，供水流向清晰。管网改造应结合管网模型优化管网布局，减少分区流量计数量，便于后期管理。

边界的划分非常重要，初始的设计对于今后长期的管理和运行便利性、效率十分关键。分区管理以公司整体利益最大化为原则。具体的分区格局按照管理需求确定。分区时一方面要考虑到先期投资费用相对比较小，更要注意到今后日常维护、管理运行便利的需求，可以酌情进行少量管线连接关系的调整。管网分区需利用管网模型进行辅助决策。

5.3.2 分区划分和级别

供水管网分区需要考虑多方面的因素如地理状况、行政区域、用户需求和供水企业管理等，同时需要尽可能降低对管网正常运行的影响。其中，地理状况包括：铁路、河道等物理边界、地形地势等；供水企业管理包括：营销管理、二次供水管理、老旧管网改造等，管网运行特征包括：水厂分布及其供水范围、压力分布、用户用水特征等。

供水管网分区主要由供水企业的管理层级及范围决定。供水管网分区级别越多，供水管网的管理越精细化，同样分区和管理成本也将随之增高。一般供水管网分区，一级为供水企业各营业分公司的管理区域，二级分区在一级分区内即为区域计量区，最低一级分区为独立计量区 DMA 分区。DMA 分区一般以住宅小区、工业园区或自然村等区域为单元建立。图 5-1 所示为管网分区计量管理示意图。该管网采用了三级分区计量管理模式，包含 2 个一级分区、5 个二级分区、若干个三级分区，其中三级分区为 DMA。

管网分区计量管理示意图如图 5-1 所示。

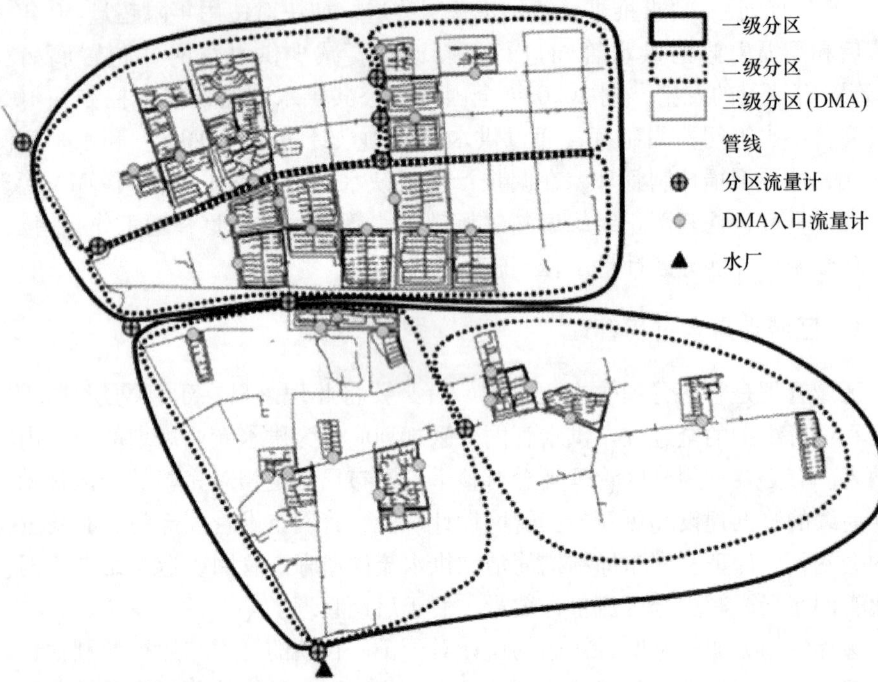

图 5-1　管网分区计量管理示意图
（图片来自城镇供水管网分区计量管理工作指南——供水管网漏损管控体系构建（试行））

5.3.3　独立计量区

独立计量区（DMA）是一项较为成熟的技术，该技术早已在英国有所应用。DMA 技术通过一定手段与技术设计测试区域，并明确相关的管网和阀门。在 DMA 技术的实现过程中，是通过水表流量的变化来检测管道中的漏水情况。对于每一个管段按一定的次序关闭阀门，并观察水表情况，在阀门关闭后若水表流量突降，则表明所关闭阀门的管道中存在漏水情况。在分区检测系统中包含多个 DMA，划分要使得每个 DMA 都有明确的边界，并在边界布置流量表，进而能够精确监测该区域的夜间流量，从而实现漏水检测的目的。当然对于每个 DMA 分区要进行压力管理，确保管道会在合计压力下工作，此外在 DMA 边界水表中设置减压阀装置可降低区域中的漏水量。

DMA 分区有三种划分形式。

第一种，DMA 分区供水区域有一条或多条进水管。

第二种，DMA 分区供水区域是一个完成独立的区域，即只有流入没有流出。

第三种，是将多个相邻 DMA 分区相连供水，有部分 DMA 分区区域的供水是经过另一 DMA 分区的。

DMA 分区计量系统可以通过装表检测漏损，由于流量计和通信技术的发展，DMA 分区计量系统可实现远传数据和进行计算机软件模拟分析。评估 DMA 计量区域实际漏损水表的重要指标是最小夜间流量（Minimum night flow，MNF）。用户用水量变化是具有一定周期性的，用水高峰一般集中在日间，夜间用水量相对较少。DMA 分区计量区域内最小夜间流量，即为区域流入和流出水量之差的最小值。通过一段时间（至少一个月）观察区域内最小夜间流量可以确定最小夜间流量变化曲线，一般取曲线波动范围的中间值为 DMA 分区计量区域的最小夜间流量的基准值。

夜间用户用水量和管网漏失水量构成最小夜间流量。最小夜间流量在供水管网的漏损控制中具有重要作用：

（1）衡量供水管网产销差重要指标，夜间最小水量和用户合理用水量之差为产销差，夜间用户合理用水量为居民用水和工商用水量之和，可以通过智能水表确定或是根据用水定额进行评估夜间合理用水量。

（2）协助漏损水量的评估与漏水点的定位，通过对夜间流量数据分析，结合人工观察，实地勘测，能够在一定程度上评估漏损水量、定位漏水点。

5.3.4 DMA 分区方案设计

5.3.4.1 DMA 的设计准则及流程

漏损检测技术需要在整个配水系统的水力平衡点安装流量计，每一个流量计记录流入分区的流量，该分区有确定和永久的边界，这样的一个区域称为 DMA。DMA 分区的具体原则如下：

（1）确定 DMA 分区大小的主要依据是用户和管线长度，因为管线改造工作费时费力且不经济，因此应避免对管网大规模改造。

（2）对最初的供水管网的结构，应尽量保证其结构不变，以确保供水管网是完整的，确保管网的自然边界不变。

（3）区域进水口的位置是决定 DMA 分区好坏的重要因素，选择合适的进水口位置使得管网末端保持足够的水压。此外，应尽量保证管线末端存在着用水用户，这样可以避免管线末端的水流长时间不流动的现象。

（4）DMA 分区应选择大范围的封闭区域，在这个封闭区域内的供水应该较为稳定，相应的其他供水资料应较为完整，且用户用水习惯变化不大。

（5）分区应考虑到设备的安装，一方面使得设备安装数量最少，另一方面要考虑是否便于设备的安装。

（6）有效关闭阀门原则：在不影响供水的前提下，适当关闭分区边界阀门，即保证供水管网只有唯一进水管，以确保各 DMA 分区为独立的“枝状供水管网”。

（7）对区域压力影响最小、改造量最小。通过 DMA 技术进行漏损控制时，可能带来的负面效应是增加管网的压力，进而影响用户的用水，因此在 DMA 分区时需要考虑到服务质量的因素，保证用户用水的质量。DMA 边界不一定是固定不变，当运营条件发生变化时，可能有必要修改边界。正是因为这个原因，所以 DMA 边界最好是通过关闭阀门而不是切断管道创建，但是必须确保这些阀门是紧紧关闭的，并且避免被意外打开。

建立 DMA 的具体步骤可用下面的流程如图 5-2 所示，具体包括以下几个方面的内容：

（1）DMA 规划阶段。首先应了解拟建立 DMA 小区内管网、各输水管道的基本情况及相关阀门的具体位置；然后对 DMA 分区现场踏勘，为确保供水管网的结构构造，应对测试区域的供水管网的构造进行检查，检查的内容主要包括线位置、管径、阀门等信息。确定分区入口、各分区考核表安装位置及其供水范围，

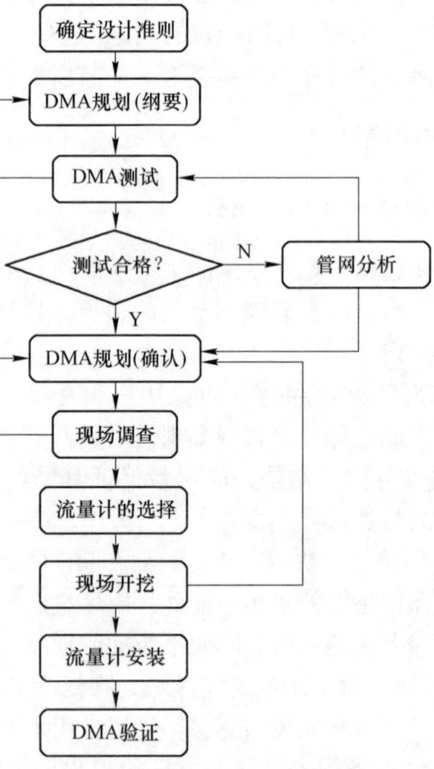

图 5-2　DMA 建立的流程图

核实分区边界，分区边界阀门位置、是否好用，做好数量统计工作，包括需要关闭和增加的阀门以及需要增加的管段数量；最后收集、分析DMA入口和小区内部的压力流量数据。

DMA一旦建立，就应进行封闭实验，否则建立的DMA就无的放矢，其可靠性无法确认，更无法进行下一步的漏损检测、控制活动。

（2）准备阶段。根据用户用水量曲线分析，将用水量较小的时间段作为测试时间。下发封闭实验任务单见表5-2，并提供分区封闭实验方案。

表5-2 封闭实验任务单

分区名称/编号	地 址	测试日期
现状进水口数量及口径	规划进水口数量及口径	
关闭边界阀门数量	阀门编号	
关阀时间	操作单位	操作人
测试消火栓数量	测试结果	
判断失败原因	再次测试时间	测试结果
操作单位		操作人

封闭实验过程如下：

（1）关闭测试区域所有边界阀门及入口阀门。

（2）观察入口流量计流量降低并不再升高，说明区域阀门封闭效果较好。继续进行下一步。否则，再次确认边界阀门是否完全关闭。

（3）确定边界阀门是否全部关闭的方法是：在打开消火栓后，检查水压，并多进行几次该操作，如果水压下降且下降后保持稳定，则边界阀门已经完全封闭，否则，再次确认边界阀门是否完全关闭。

（4）只打开入口阀门。

（5）若暂时无法确定实验失败原因，则3日内组织人员再次进行现场核实或调整方案，重新进行测试。

实验成功后保持分区边界阀门关闭一周，在此期间，若没有出现用户水压、水量不足现象（未接到投诉），则认为分区规划合理；若有投诉，则需立即打开边界阀门，并查找原因，解决后再次试运行或调整规划方案。

5.3.4.2 流量计选择

流量计的种类有很多，不同流量计的原理、特性以及使用范围都有所差异，常见的流量计包括容积式流量计、电磁流量计、超声波流量计等。根据国内外应用现状，综合考虑计量准确度、适用条件和造价等方面，目前在市政供水管网应用较为普遍的是电磁流量计（电磁水表）和超声波流量计（超声水表）。因此在DMA分区的过程中，流量计的选择主要考虑两种，一种是电磁流量计，另外一种是超声波流量计。根据DMA分区项目实际情况，综合考虑计量准确度、适用条件和造价等方面，选取流量计的原则如下：

（1）根据现场施工条件进行选取。流量计的安装包括不同的方法，根据其安装方法不同，可以分为两种，一种是管段式，另一种是插入式。管段式流量计计量准确度高于插入式流量计，但安装时需要停水并割管安装。插入式流量计对安装的要求较低，且安装方便，安装期间不必中断供水。因此，当现场有直管段，且能满足停水要求时优先选择管段式流量计，若满足不了该条件，插入式流量计可作为备选。

（2）流量计应具有现场端报警信号：包括断线、磁干扰、水量倒流、电池电量不足、用水量异常、水压异常等。异常报警信息应存储在流量计内，可供翻查阅读。

（3）电池型流量计电池不足应具有提前报警信号功能，至少保证提前3个月报警。

（4）流量计（电池型/市电型）断电后数据可继续保存至少1个月。为防止电池、市电突然断电数据丢失情况，需保证断电后数据可继续保存至少1个月。

（5）《城镇供水水量计量仪表的配备和管理通则》（CJ/T 3019—1993）对流量计的两个重要参数作出了明确规定，一个参数是配备率，另一个参数是检测率，二者需符合相关规定。

（6）应具有双向测流功能。

（7）如果流量计所在位置管道流量较低，为保证低流量计量准确度，需选择始动流量低的型号。

（8）流量计应具有远传功能。为实现实时在线计量、考核、分析，流量计需具备远传功能。

（9）针对不同工况，采取不同选型及安装实施措施。例如：对于现场有直管的阶段时，可优先选择直管式流量计使用，当没有直管时，优先考虑插入式。

（10）若电池供电，则电池能工作5年，可更换，电池可保证长期采购。

5.3.4.3 DMA验证

DMA验证需要保证DMA边界阀门全部关闭，边界所有流量计正常。采集流量计的流量数据，对数据进行整理分析，利用软件对DMA分区数据进行深度挖掘和进行 DMA 分区管理。

5.3.5 DMA 数据的采集分析

DMA 分区的数据采集存储和传输主要有三种方案可以实现。下面分别描述每种方案的工作方式和优缺点：

（1）方案一：通过水表数据采集器得到水量数据。数据通过数据线采集并记录。在该方案中需要设置一个记录器，记录水表中的数据，并定期进行数据采集工作：

1）优点：一是数据采集精度尚可；二是水表和记录器各自使用内部电源，存储容量较大；三是数据采集频率可实现每分钟一次，数据连续采集一个月；四是无通信费用。

2）缺点：一是需选择记录器外置位置，较繁琐；二是采集频率低；三是数据传输需人工定期读入；四是无法记录水压。

（2）方案二：安装电磁流量计（带压力记录），流量压力数据存储在流量计内，数据通过现场通讯连接采集。

1）优点：该模式所采用的电磁流量计精度高，同时记录流量和压力数据，对于 DMA 夜间数据分析的压力修正有一定帮助；由于数据采集是现场采集，没有通信费用，也需要选择外挂记录器地点。

2）缺点：需要定期采集现场数据；连接采用通讯连接不如 USB 连接稳定；电磁流量计具有计量和存储的功能，但不能大量存储。

（3）方案三：安装电磁流量计（带压力记录），与模式二的差别主要是数据通过 GPRS 等系统定时发送，数据的显示和存储都在中心控制室，数据可以与漏控管理分析软件共享。

1）优点：该模式采集的数据精度高；同时记录流量压力，可以对 DMA 数据分析时进行压力修正；不需要选择外挂记录器地点；数据远传可在控制室中显示、游览；数据采集时间间隔可设置。

2）缺点：一需慎重考虑电池容量，最好采用外接市电电源；二采用 GPRS 远传数据时会产生通信费用。

综上所述，三种方案分别具有以下特点：

方案一：以电子水表为基础采集数据，数据获取通过人工定期现场开展。

方案二：以电磁流量计为基础采集数据，包括压力数据，但同样需要人工现场获取。

方案三：同样以电磁流量为基础采集数据，包括压力数据，数据通过电台或 GPRS 即时共享。

基于三种方案的上述特点可以总结出三种方案的适用环境。方案一设备和方法简单，但大规模使用人工和现场工作量大，且数据采集传输不及时，因而适用于小范围的应用，例如案例研究。方案二中数据采集存储一体化，便于在不同地点安装使用，但数据传输仍旧存在不及时问题，因而可应用在现场测试或短期测试中。在方案二的基础上，方案三实现了数据的即时传输，能够非常有效地开展数据处理工作，进而指导相关管理工作，该模式适用于DMA的大规模应用，这也是未来DMA的发展趋势。

6 城乡一体化供水保障技术

6.1 城乡一体化供水模式下的多级加氯技术

6.1.1 余氯衰减模型研究的意义

给水管网作为供水水循环的重要组成部分，其水质变化规律有必要进行研究。供水的安全可靠性是21世纪水工业的难点和热点问题之一。水处理过程及管网输送过程中，消毒对保持水质具有不可或缺的作用。液氯价格便宜，消毒效率高，在给水管网中保持一定的余氯浓度可防止细菌再生长，因此它成为使用最广泛的饮用水消毒剂。对管网中余氯浓度变化的掌握程度，直接影响到供水企业供水过程中能否很好地满足所有终端用户的供水水质安全要求。目前，供水企业对管网水质的监测大多依靠对管网中布设的水质监测点进行水质采样分析。水质采样分析受到空间分布、采样时间频率等因素的限制，往往无法及时全面地反映管网水质。因此，研究余氯衰减规律并进行模拟具有重要的意义。

6.1.2 给水管网余氯模型建立原理

6.1.2.1 动态水质模型

A 管网系统水质分析模拟

实际的给水管网系统可以看成是边和节点相互连接，构成特定分支和环的网络。其中边表示管段、阀门或泵；点表示水源、管段连接点、用户和水池用节点。

基于以下假设讨论管网水质模拟的过程：

（1）在某水力时段内，水流在管道内的传输过程是一维的。

（2）在管道交叉处，水中溶解物质在节点的纵向传播和扩散忽略不计。

（3）对于管网中的氯、氟、氮等溶解物质，其动态反应遵循一阶反应规律（指数衰减规律或指数增加规律）。

B 管段物质对流传输过程

用一维质量守恒的微分方程描述管段中的对流传输过程：

$$\frac{\partial C_j(x,t)}{\partial t}+u_j\frac{C_j(x,t)}{\partial x}-R[C_j(x,t)]=0 \tag{6-1}$$

式中 $\partial C_j(x,t)$ ——管段中反应物的反应表达式，$\partial C_j(x,t)_{非反应物}=0$；

u_j ——管段 j 的流速，m/s；

$R[C_j(x,t)]$ ——管段中反应物的反应表达式，$R[C_j(x,t)]_{非反应物}=0$。

C　管段物质动态反应过程

用一阶反应表达式描述管网物质变化的反应速率：

$$R(C_j)=\lambda_j C_j \tag{6-2}$$

式中 λ_j ——管段 j 的一阶反应系数，可为正数或负数；

C_j ——管段 j 的浓度，mg/L。

D　物质在节点处的混合

管道节点处的浓度由物质的质量平衡决定（假定在管道节点处物质瞬间完全混合）：

$$C_i(t)=\frac{\sum_{j\in J^+}q_j(t)C_j(t,L_j)+q_s(t)C_s^i(t)}{\sum_{j\in J^+}q_j(t)+q_s(t)} \tag{6-3}$$

式中 $C_i(t)$ —— t 时刻，节点 i 处的物质浓度，mg/L；

$q_j(t)$ —— t 时刻，管段 j 中的流量，m^3/s；

$C_j(t,L_j)$ —— t 时刻，管段 j 末端与节点 i 相连处的物质浓度，mg/L；

L_j ——管段 j 的长度，m；

$C_s^i(t)$ —— t 时刻，外部水源流入节点 i 的浓度，mg/L；

$q_s(t)$ —— t 时刻，外部水源流入节点 i 的流量，m^3/s；

J^+ ——流入节点 i 的管段集合。

6.1.2.2　余氯衰减的动力学机制

管网中余氯消耗的影响因素主要包括两个方面：

（1）主体水中余氯的衰减，即氯与管道水中有机物和无机物等物质的反应。

（2）余氯在管壁生长环的衰减，即氯与管材的反应，与管壁生物膜的反应，以及在管壁腐蚀过程中的消耗。

基于上述余氯消耗的两个主要因素，余氯在管道内的衰减可表示为：

$$\frac{\mathrm{d}C}{\mathrm{d}t}=-k_bC-W-\frac{k_f}{R}(C-C_w) \tag{6-4}$$

式中 k_b ——管道中余氯衰减速率系数，min^{-1}；

k_f ——传质系数，m/min；

R——水力半径，m；

C——管道中的余氯浓度，mg/L；

C_w——管壁中的余氯浓度，mg/L；

W——管壁腐蚀对余氯的消耗，mg/(L·min)；

$-k_bC$——与管道内水体中的有机物和无机物发生反应所消耗的余氯量，mg/(L·min)；

$-\frac{k_f}{R}(C-C_w)$——余氯在管壁处产生的消耗，即氯与管内壁附着的生物膜的反应，以及在管壁与水流之间余氯质量传输的消耗，mg/(L·min)。

对于余氯与管道中有机物及无机物的反应，反应物的浓度应远远大于余氯的浓度，因此，可以将所有与氯发生的物质浓度看作常数，即 k_b 也可以看作为一常数，通常称为主体水衰减系数。

对于与管壁表面生物膜反应的余氯消耗，同样假设管壁处所有余氯发生反应的物质浓度远大于余氯浓度，则可将管壁处的衰减，看作准一级反应，有：

$$\frac{dC_w}{dt}=-k_wC_w \tag{6-5}$$

式中　C_w——管壁处的余氯浓度，mg/L；

k_w——管壁处的余氯衰减系数，min^{-1}。

又因为管壁处的余氯浓度通过与主体水发生传质所控制，如图6-1所示。因此认为在管壁上余氯浓度不存在积累，在该前提下，有：

$$k_wC_w=k_f(C-C_w) \tag{6-6}$$

$$C_w=\frac{k_f}{k_f+k_w}C \tag{6-7}$$

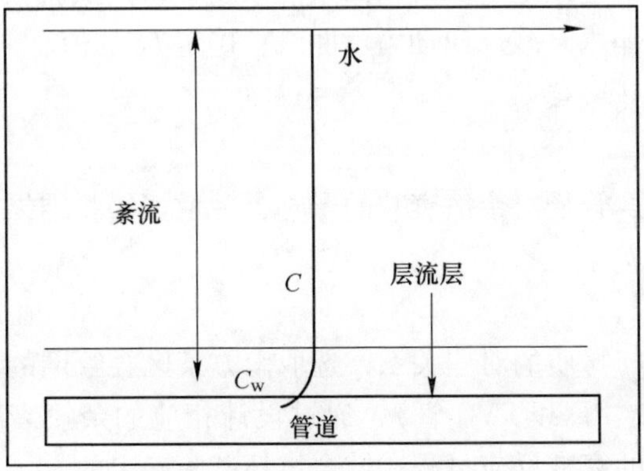

图6-1　管壁氯与主体氯的传质

其中，传质系数只由舍伍德数、扩散系数及管径决定，与余氯浓度无关，因此，式（6-4）可以简化为：

$$\frac{dC}{dt} = -k_b C - \frac{k_f}{k_f + k_w} C - W \tag{6-8}$$

在实际研究中，管壁电化学腐蚀造成的余氯衰减 W 通常可以忽略不计。同时，若令一个新的 $k_w = \frac{k_f}{k_f + k_w}$，则最终余氯在管网中的衰减可以表达为：

$$\frac{dC}{dt} = -k_b C - k_w C \tag{6-9}$$

通过式（6-9），可以认为管道中的余氯衰减可以分为主体水衰减和管壁水衰减两部分，这两部分衰减均满足一级反应速率方程，且其速率分别通过主体水衰减速率 k_b 及管壁水衰减速率 k_w 表达。

6.1.3　水质模型前期准备工作

6.1.3.1　实验室参数测定与估计

A　烧杯试验

a　试验目的

烧杯试验研究静态条件下，不同余氯浓度、温度、有机物含量、二次加氯条件下的出厂水余氯衰减规律，确定主体水余氯衰减系数 k_b。

b　试验方法

将出厂水人工配置成不同余氯浓度的初始水样，将容器密闭后置于阴暗处保存，按选定的时间间隔取样检测其余氯浓度，取样容器采用棕色试剂瓶，采用便携式余氯仪测试进行比对校准。

利用次氯酸钠配置设定不同的初始余氯浓度，根据试验数据绘制不同试验条件下的管网余氯主体水衰减反应动力学曲线，确定 k_b 的值。

B　管段静态衰减试验

a　试验目的

研究不同管材、管径对余氯衰减的影响，并根据实验结果初步估计管网中的余氯管壁衰减系数 k_w。

b　试验方法

结合管道管径与材质的对应关系，选取南方某区县管网的几种典型管材（球墨铸铁管、水泥管、PE 和 PVC 管），通过设计相应的余氯衰减静态试验，分析水中余氯在管道中的衰减反应过程，结合烧杯试验确定的 k_b，确定不同管材的余氯管壁衰减系数 k_w 初值。

6.1.3.2 南方某区县管网水力模型的完善

A 南方某区县管网水力模型简介

南方某区县管网水力模型利用水力模拟软件及 Arcgis 软件，结合南方某区县自身的管网情况建立。模型经过多年的校核工作已经取得一定的精度，并在实际生产过程中发挥着重要的作用。

南方某区县第二水厂供水范围主要为南方某区县东部地区，本次所涉及的主体区域主要为该区域的洪庙镇、邵厂镇及其前端管网，图 6-2 所示为研究部分的管网模型。

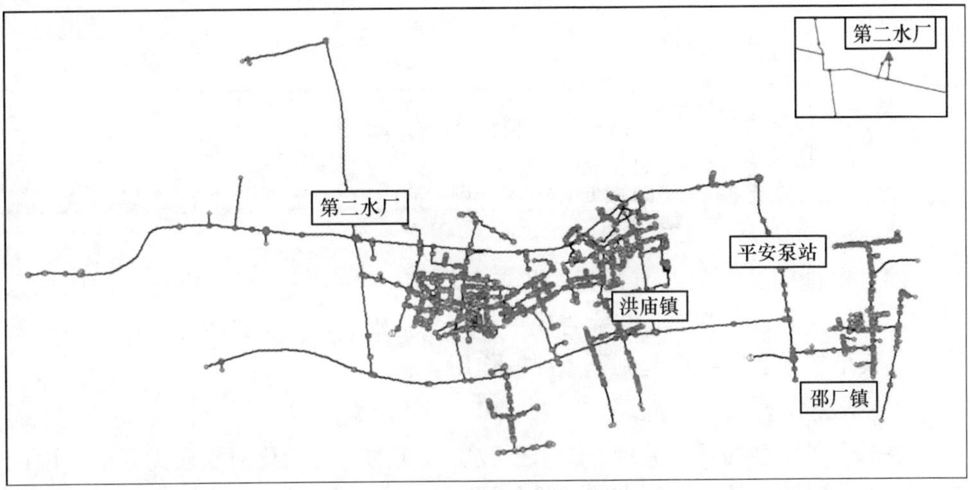

图 6-2 研究部分管网地图

该管网由第二水厂供水，中途通过平安泵站加压加氯往邵厂镇等地区供水，该模型一周的总水量约为 593000t（30min 水力步长），平均每日供水约为 85000t。该模型中的水厂及泵站均设为已知压力点，出厂压力由监测结果直接给定，所有水量均分配在水表组件中。

模型中管段最大直径为 1000mm（球墨铸铁管），最小直径为 25mm（塑料管），图 6-3 所示的加粗线条为该模型中的主干管网（管径≥500mm）。

B 水力模型的完善

南方某区县自来水公司曾在 2012~2013 年对南方某区县供水管网整体模型进行水力模型校核，取得了显著的成效。该校核的过程主要涉及以下多个方面：

（1）错误数据筛选：检查所得监测数据，发现有明显错误的及时剔除。

（2）拓扑结构调整：校对模型拓扑结构与实际管网结构，及时调整有明显错误的管段。

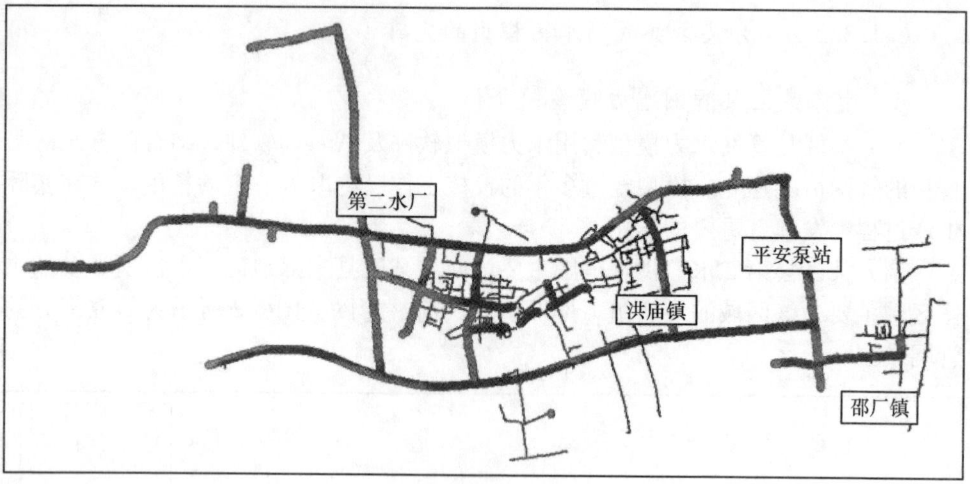

图 6-3　模型主干管网示意图

（3）阀门操作调整：根据数据分析推测阀门开关状态，进行现场确认并最终输入模型。

（4）其他问题。除以上提到的几点，校核中还分析了模型中存在的诸如水量分配等一些问题，为进一步完善模型打好了基础。该次水力校核提高了模型精度，对模型指导实际生产起到了重要的作用。

C　研究模型完善工作

根据余氯模型的基本原理，摩阻系数所造成的压力变化对水质无影响，因此本次完善主要针对该区域存在的水量分配。

该模型是南方某区县整体模型中的一部分，因此初步检查后基本无拓扑结构及阀门开关问题。

模型中未分配水量大约为 8000t/d，根据模型模拟结果，将该水量分配到各水表，图 6-4 所示为几个流量监测点分配流量前后对比图，左图为分配前，右图为分配后；图 6-5 所示为几个分配前后均保持流量较一致的节点流量图，图右侧中有一部分流量监测值与模拟值相差较大，造成该差别的原因是该点凌晨由第三水厂（南方某区县主城区）馈水，而流量计为单向流量计，反向流量无法测量，而非模拟错误。

6.1.4　水质模型初始条件

6.1.4.1　水质监测点

水质模型的建立需有相关的水质监测点及其余氯监测数据，以此为基础进行校核。南方某区县自来水公司共有 17 个监测点的相关数据，但将其与模型结合

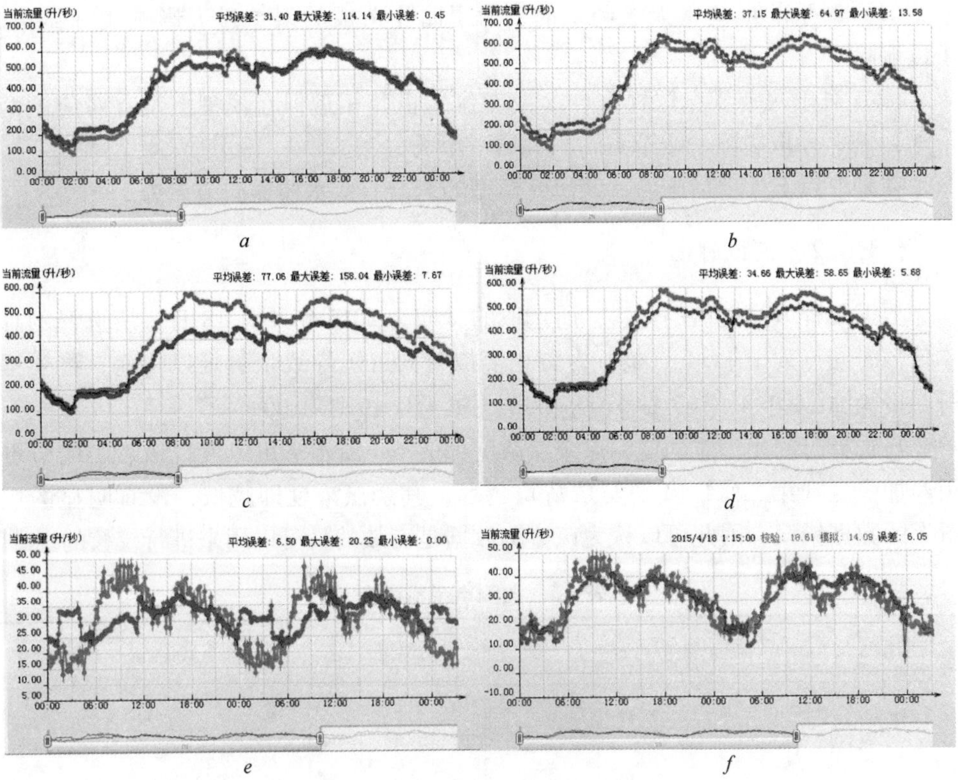

图 6-4　水力校核效果图

a，*c*，*e*—分配前；*b*，*d*，*f*—分配后

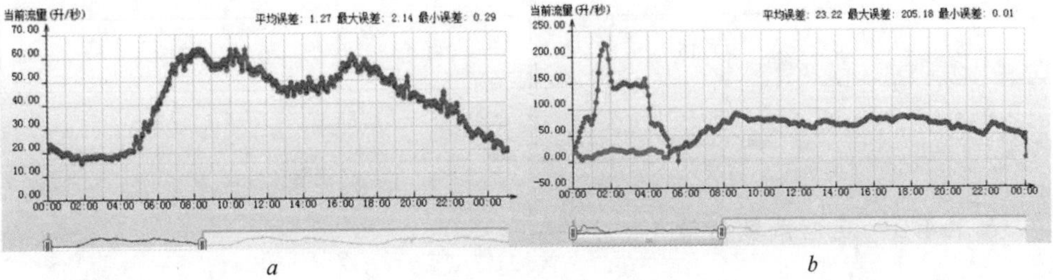

图 6-5　数据吻合良好监测点

a—模拟值；*b*—监测值差

的过程中，存在个别难以寻找到准确节点的情况，主要可分为以下两类：

（1）模型尚未完善所导致的监测点位置距离已有节点过远或者无管段。

（2）多个监测点重合于一个位置。

根据以上两种情况，分别采取以下措施：

（1）对于节点位置无法确认的，为了防止造成的误差过大影响实际结果，予以删除。

（2）对于两个节点位置重合（或者位置极其相近但在模型上没有对应的两个点）的，采取去除一个节点，只保留一个的方法。

在采取以上处理措施后，该研究模型的剩余有效水质监测节点为11个。

6.1.4.2 模拟时间

根据工程人员提供的资料，所选取的日期为2015年4月18日，所选择的具体校核时间点为中午11点整。为防止模拟时间过短导致余氯难以传递，将模拟时间设为2015年4月17日0:00至2015年4月19日0:00。

与选择时间相对应的监测点余氯浓度如表6-1所示。可以发现该表中的节点距离加氯点（第二水厂及平安泵站）越远，其余氯浓度即越低，没有明显的逻辑上的数据错误，因此可以认为该监测数据是有效的且可以用来进行校核的。

表6-1 监测点余氯浓度

序号	余氯浓度/mg·L^{-1}	序号	余氯浓度/mg·L^{-1}
1	1.40	7	1.20
2	1.40	8	0.90
3	1.15	9	0.90
4	1.20	10	0.35
5	1.15	11	0.30
6	1.15		

6.1.4.3 反应系数估计

根据以上模拟时间，查阅本地区2015年4月天气，4月17日~4月19日最高气温分别为20℃、26℃及24℃，考虑到中午11点并非一日中气温最高的时间，且管段敷设在地下，则管道中的温度选取为20℃为宜，从而认为主体水反应系数选为$k_b = -0.1011/d$。

同时，根据管段静态衰减试验的结果及结论，预估管段管壁衰减系数见表6-2。在估计中，由于校核为人工校核，衰减系数的基本间隔选为0.05。

表 6-2 预估管段管壁衰减系数

管材	衰减系数					
球墨铸铁	管径 26～100mm	110～200mm	226～300mm	316～400mm	500～600mm	800～1000mm
	-0.90	-1.00	-1.10	-1.20	-1.30	-1.40
塑料	管径 26～100mm	110～200mm	226～315mm			
	-0.70	-0.80	-0.90			
钢管	管径 100～200mm	300～400mm	500～600mm	800～1000mm		
	-0.45	-0.55	-0.65	-0.75		

6.1.4.4 初始余氯投加

根据南方某区县水厂提供的资料，该地区的氯主要由第二水厂和平安泵站共同投加。根据资料显示，二水厂投加氯量约为 1.75mg/L，平安泵站则相对较少，其主要功能为对进水进行消毒剂补充，以提升后续地区的余氯量。

6.1.5 水质模型的建立与校核

6.1.5.1 水质模型的初步建立

将模拟时间、估计参数等初始条件输入模型并进行模拟，模拟完成后，按照余氯浓度对模型进行分级颜色显示，同时读取各监测点的余氯值。相关模拟结果如图 6-6 所示及见表 6-3。

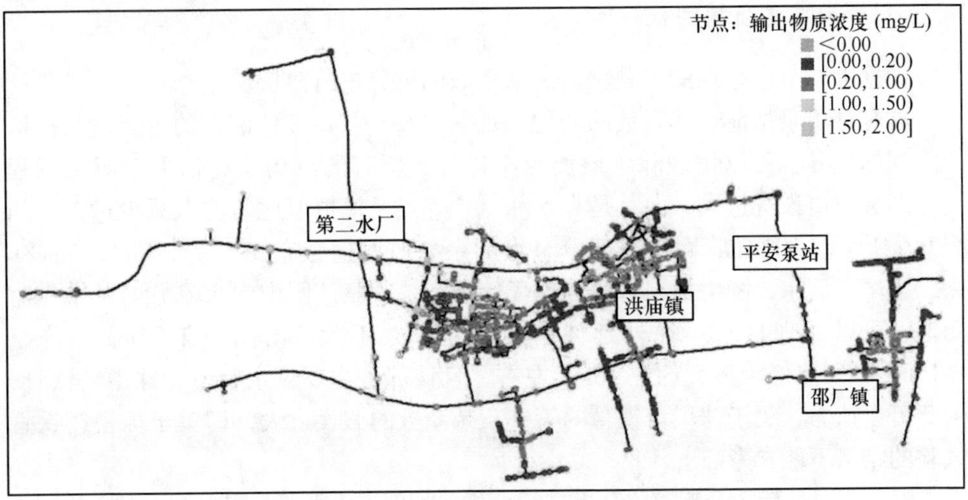

图 6-6 初步模拟余氯浓度分布图

表 6-3 初步模拟监测点余氯值

序号	监测值/mg · L^{-1}	模拟值/mg · L^{-1}	相对误差
1	1.40	1.57	12.1%
2	1.40	1.23	12.1%
3	1.15	0.92	20.0%
4	1.2	0.85	29.2%
5	1.15	0.27	76.5%
6	1.15	0.42	63.5%
7	1.20	0.28	76.7%
8	0.95	0.37	61.1%
9	0.9	0.77	14.4%
10	0.35	0.56	60.0%
11	0.30	0.40	33.3%

结合图 6-6 和表 6-3，在现有初始条件下，可以得到以下几个结论：

（1）在第二水厂周围较小范围内余氯浓度保持在 1.5mg/L 以上，其余大部分地区均有相对较大的衰减，模型中出现了较多的红色区域，这意味着按照该模型将有大部分末端节点在该时刻有较大的水质风险。

（2）监测点监测余氯浓度与模拟浓度之间存在较大的差异见表 6-3，没有任何一个节点绝对误差在 10%以内，这说明现有初始管壁衰减系数存在较大的误差。

6.1.5.2 水质模型校核

根据上一节中存在的问题，对衰减系数的设置进行分析。

首先分析泵站前衰减系数的变化。观察表 6-3 中 1~8 监测点的监测值与模拟值之间的差异，可以发现除了监测点 1 以外，所有的点均是高估了余氯衰减程度，即衰减值设置过大，尤其是点 5 和点 7 等点，模拟值比监测点减少过多。如图 6-6 所示，为研究管网中部部分节点的余氯监测值分布图，左上角 1.75mg/L 为二水厂出厂水，图中加粗管段为球墨铸铁管。观察该图中的水流方向及余氯监测值，可以发现从水厂往外延伸的衰减速率并不大，由图中 1.75mg/L 降至 1.15mg/L 所流经距离大约在 10km 左右，且该部分主要供水管段为球墨铸铁管，由此可以认为，关于球墨铸铁管的管壁衰减系数的假设过大，即关于球墨铸铁管试验的结果不能参考。

对平安泵站后的余氯模拟结果进行分析，如图 6-7 所示，图中左上角 1.4mg/L 为平安泵站平均出站余氯，图中从 1.4mg/L 到 0.9mg/L 的衰减大约经历了 2km，可见此处衰减值比一般球墨铸铁大，而从 0.9~0.35mg/L 则用了更短的距离，数据分析显示此处的衰减系数必然非常大，但 0.35mg/L 到 0.30mg/L 之间的衰减则相对显示较正常。

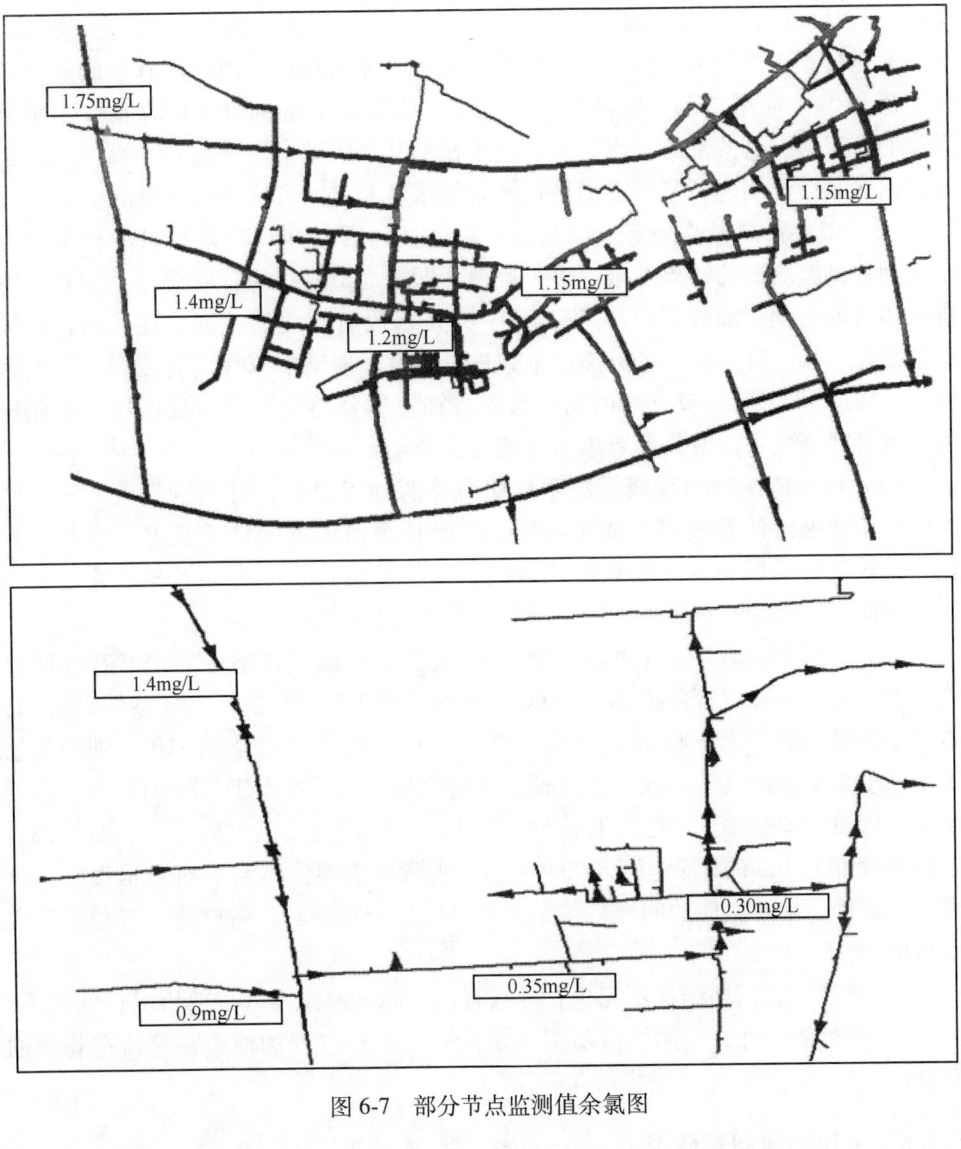

图 6-7 部分节点监测值余氯图

根据以上分析的结果，经过多次调整全局衰减数值以及个别区域系数（将在下文提及），最终使得所有监测点的余氯误差均达到 10%以内。

6.1.5.3 结果分析

根据以上各图表所得结果以及校核过程中遇到的问题，对该校核过程进行分析，可以得到以下几个结论：

（1）校核后的模型整体余氯明显提升，主要出现红色节点（即余氯浓度小于等于0.2mg/L的节点）的地区为两个部分：一是零散分布于整个模型的红色节点，二是邵厂镇供水区域末端的红色节点。其中，第一部分并非为水质风险点，而是模型中部分节点没有节点流量从而水流无法到达，因此没有余氯值（或余氯值为0）。而第二部分则是余氯浓度小于0.2mg/L的部分，即存在一定水质风险的节点。除这两部分节点之外，整个模型其余区域余氯浓度均较高，尤其是泵站前区域，说明南方某区县地区供水余氯浓度充足，有优化加氯量的空间。

（2）塑料管没有监测节点的数据可以验证，因此其衰减系数只能根据前文中提到的试验测试的结果及推论进行假设，即最终塑料管的管壁衰减系数是有待进一步研究；钢管的数据中，只有500~600mm段有相关的数据验证，结合试验中的变化规律，对其余管径分类的系数进行假设；模型中70%的管段均是球墨铸铁管，因此11个监测节点的值均对球墨铸铁管的分类数据有验证作用，因此球墨铸铁管的衰减系数值是最有参考价值的。

（3）球墨铸铁管的衰减系数明显比另外两种管段低，且差别显著，这说明该区域的球墨铸铁管较难形成生物膜，其维持余氯浓度的性质良好。而与之相比，钢管及塑料管的衰减系数则比较高，尤其是钢管，可达球墨铸铁管的数十倍，因此，在后续改造或冲洗中可着重注意该种材料的管段。

（4）在校核过程中，有两个余氯模拟值在整体调整较精确后仍然存在明显误差的区域，左图中管段大部分为600mm球墨铸铁管，其最终衰减系数设为-1，右图中管段大部分为500mm球墨铸铁管，其中横向管段调整至-10级别均无法满足精度要求，最终手动改动管段长度才能满足绝对误差小于10%的要求，这说明该处管段衰减非常大，已经对该地区的水质问题产生了极大的影响，对比该点下游处缘都大酒店的监测值0.30mg/L，说明该处监测值本身具有可信度，且该衰减并非邵厂地区整体的问题，仅是该处管段的个别问题，造成这一现象的原因有可能为：

1）该处模型拓扑结构不完善，导致管段实际流经距离减少等情况；

2）该处管段存在不明的余氯损耗情况，有进一步现场检查甚至改造管段的必要。

6.1.6 二次加氯问题研究

二次加氯（或多级加氯）即在供水管网中除水厂外，在一个或多个高效点处增设氯投加点，由水厂及这些氯投加点共同实现管网的消毒功能。二次加氯在实际运用中有以下几个优势：

（1）减少氯的总投加量，减少供水投入，提高经济性。

（2）减少 DBPs 的生成，降低用户患癌风险。

（3）使管网余氯浓度分布更加均匀，增强管网抵御水质变化的灵活性。

目前上述南方某区县第二水厂供水范围中已在平安泵站设置二次加氯点，与第二水厂共同进行管网的消毒工作，其中，平安泵站加氯量约为 0.2mg/L。然而，该加氯点及加氯量的选择以工程经验为主要参考依据，并未通过模型优化，本节结合相关理论，对该范围模型的二次加氯点及加氯量进行优化并提出方案。

6.1.6.1 基于节点水龄的二次加氯选址模型

A 余氯水龄

如图 6-8 所示的简单管网示意图，图中共有一个水源节点 0，两个普通节点 1、节点 2，节点 ID 及水流方向均在图中标出。

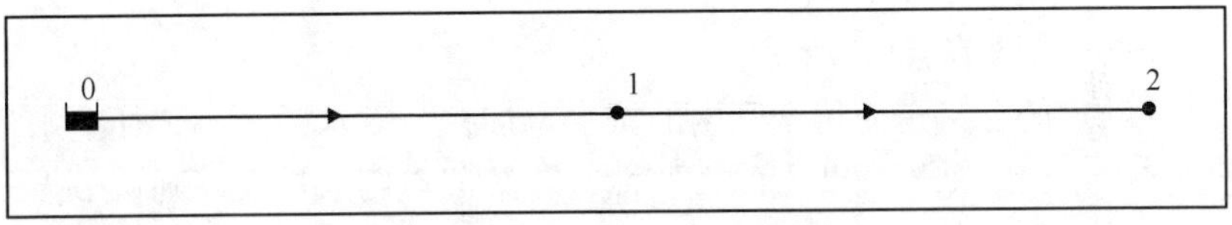

图 6-8 简单管网示意图

根据水龄的定义，节点 1 的水龄 T_1 及节点 2 的水龄 T_2 分别表示水从水源点 0 流出后到达节点 1 及节点 2 的流行时间。在一般的供水管网中，均会在水源点 1 处投加氯作为消毒剂，此时，氯从水源点到达节点 1 的时间即为 T_1，而到达节点 2 的时间即为 T_2。显然，有 $T_2>T_1$，即氯到达节点 2 的过程中消耗得更多。此时，若设节点 1 为二次加氯点，则可理解为氯此时是从节点 1 出发到达节点 2 的，此时氯的衰减时间缩短为 T_2-T_1，从而衰减得更少，显然，在这种加氯策略下，整体的水质情况会变好，这体现在节点 2 的水龄“减少”了 T_1。

基于以上内容，定义“节点余氯水龄”的概念，即氯到达节点所经过的流行时间，可表示：

$$W_{ij} = T_{ij} - \sum_{k=1}^{n_b} T_{kj}\eta_{kij} \tag{6-10}$$

式中 W_{ij}——节点 i 在时刻 j 的余氯水龄，h；

T_{ij}——节点 i 在时刻 j 的水龄，h；

η_{kij}——j 时刻节点 i 中水由节点 k 流来的百分比；

n_b——二次加氯点数。

式（6-10）表明，余氯水龄的含义是余氯由投加的时刻到达节点的时刻所经历的衰减时间，而不同水流路径上的加氯点对下游节点 j 造成的影响不同，若直接用 j 的水龄减去上游节点的水龄则不能体现出由不同路径的水量不同而带来的水质的差异，因此在上游节点水龄 T_{kj} 后乘以水流百分比，式中加氯点个数 n_b 是决策者自行给定的。

B　基于水龄的二次加氯选址模型

根据节点余氯水龄的概念，本研究提出如下基于水龄的二次加氯选址模型：

目标函数：

$$\min \sum_{j=1}^{t} \sum_{i=1}^{n} \frac{W_{ij} q_{ij}}{Q} \tag{6-11}$$

式中　W_{ij} ——节点 i 在时刻 j 的余氯水龄，h；

q_{ij} ——第 i 个节点在时刻 j 的需水量，m^3；

Q ——模拟周期内水源总出水量，m^3；

t ——模拟周期时刻数；

n ——管网节点总数。

式（6-11）的含义是使得全管网的按水量加权余氯水龄最小，加上水量权重因子可以突出不同时刻不同节点的重要性，若某节点用水量大，则该节点对全局造成的影响就会较大。

根据以上描述可以得出该模型具有以下几个优点：

（1）要求低的同时提高精确度：如上所述，该方法只需要水力模型为基础，不需要余氯衰减参数，但同时利用水龄来量度水质情况，与水质紧密结合。

（2）计算方法合理：在有效级模型中也使用了水流时间的概念，但是其在应用过程中直接认为两点之间最快流速的管段代表两点之间的连接管段，显然这是不合理的，流速快并不代表流量大，而本模型将流量以权重的形式考虑进来，使模型更加合理。

（3）应用范围广泛：本模型不论是单时刻模拟、周期性模拟还是单水源、多水源模拟均能应用，因此应用范围广泛。

6.1.6.2　加氯量优化模型

采用 NSGA-Ⅱ对加氯量进行优化，主要目标函数为加氯效果及经济性，其中加氯效果用合格水百分比表示，加氯经济性则直接用总加氯量表示。

A　合格水百分比

根据以往研究，如果所有节点均要满足余氯浓度要求，则很多时候会导致二次加氯点被选在非常末端的偏远地区，显然从经济性角度考虑这是非常不合理的。因此，有人提出了合格水百分比的概念。所谓合格水，就是余氯浓度在要求上下限之内的水，合格水百分比即指合格水量占一周期当中总水量的百分比，用数学式表达如下：

$$HQ = \frac{\sum_{i} \sum_{k} d_i^k \phi(c_i^k)}{D} \tag{6-12}$$

式中 d_i^k——节点 i 在 k 时刻的用水量，m^3；

$\phi(c_i^k)$——合格水乘子，若 $C_{min} \leqslant C_i^k \leqslant C_{max}$ 则为 1，其余为 0；

D——一周期内总供水量，m^3。

合格水概念实际上与普通的上下限标准本质上是一致的，只是相当于以水量做了一个加权，但是以该指标作为评价标准时将不用考虑删除末端节点的问题，若末端节点用水量高则自然需要重视，若末端节点用水量低，则可适当放宽要求。另外，对于合格水百分比的优化，由于供水管网的水质要求不能过低，应该有一个合格水百分比下限，若计算值低于该下限，则赋予该个体一个会被淘汰的适应度值即可。根据以往的研究，供水余氯浓度要求上下限分别取为 4mg/L 和 0.2mg/L。

B 加氯经济性

本书中加氯经济性直接采用加氯量之和表示，由于本书以 FPB 作为加氯方式，在水量不变的情况下，加氯量即为每个加氯点的浓度与体积之积，可表示为：

$$\min \sum_{i=1}^{n_b} \sum_{j=0}^{k} u_i d_i^j \Delta t \tag{6-13}$$

式中 n_b——加氯点个数；

u_i——第 i 个加氯点的加氯浓度，mg/L；

d_i^j——j 时刻进入加氯点 i 的流量，m^3；

Δt——水力步长。

6.1.6.3 优化技术路线

对于该模型二次加氯优化的技术过程路线如图 6-9 所示。

6.1.6.4 加氯点选址

该模型在现有运行方案下即在水厂及平安泵站处进行共同加氯，考虑到问题的现实意义，本次只针对一个二次加氯点的情况进行讨论，以验证最优加氯点的位置。

本模型在未设置二次加氯点时整个管网的平均水龄为 10.58h，即若只有水源加氯，则余氯到达每个节点的平均时间为 10.58h，利用上节提出的方法对本模型进行计算，在二次加氯点为 1 的情况下，所得结果为节点 134218100，该节

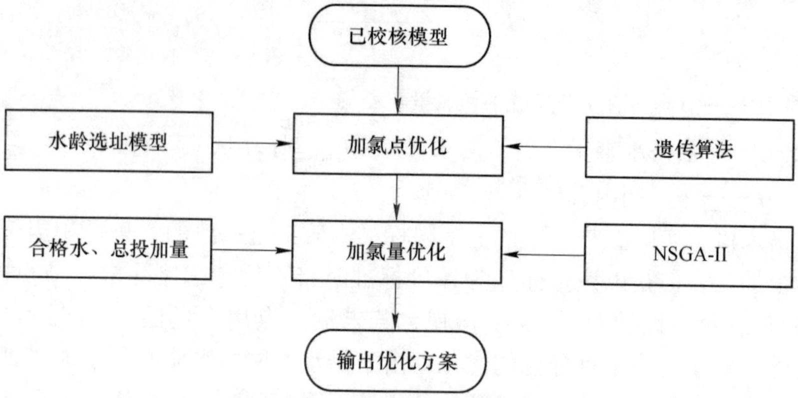

图 6-9　二次加氯优化的技术过程

点即为平安泵站的位置，如图 6-10 所示，图中选中节点即为平安泵站，值得一提的是，由于建模过程中水泵特性曲线的绘制误差较大，因此在设置平安泵站时直接将新建水源点作为泵站，以出厂压力为压力模式建立模型，而在研究水质问题时需将两部分管网连接。直接用节点将两者结合，虽然这样做会造成一些水压上的误差，但是对余氯衰减没有影响，是可以接受的。

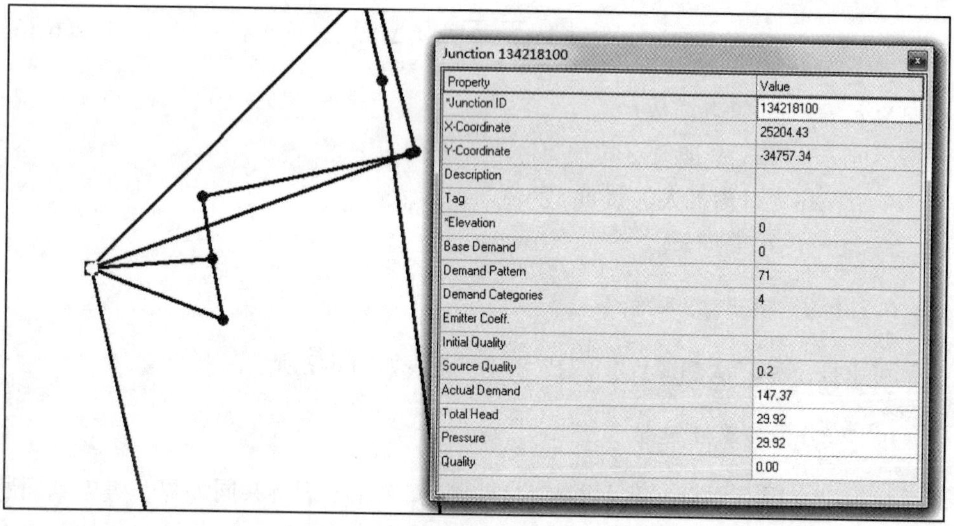

图 6-10　二次加氯点位置示意图

在上述选点方案中，管网平均余氯维持水平由 10. 58h 降为 6. 50h，降幅达到 38. 6%，可见该方案对管网的整体水质有着较大的提高，同时也意味着，在该优化方法下，第二水厂在平安泵站处进行加氯已经是最优选点。

6.1.6.5 加氯量优化

6.1.6.4 节中对模型中的二次加氯节点进行选择，得出结果与二水厂现有加氯方案中的平安泵站一致，然而，加氯点的选择仅是加氯优化中的一部分，在确定加氯点后，仍要对加氯量进行优化。在加氯量优化过程中，依旧采用比较广泛的余氯限值 0.2~4mg/L 作为限制条件，采用该限值不仅使得研究过程更加一致，而且该标准高于我国国家标准，对实际提高水质有积极意义。

第二水厂现有二次加氯方案及对应的合格水标准见表 6-4。

表 6-4 现有二次加氯及对应的合格水标准

水厂加氯/mg · L^{-1}	平安泵站加氯/mg · L^{-1}	总加氯量/kg · d^{-1}	合格水量/%
1.76	0.2	199.87	94

由表 6-4 中可以看出，在现有加氯方案下，水厂加氯较多，平安泵站补加较少，合格水量达到 94%，仍有部分用水没有达到 0.2mg/L 的要求。

利用 NSGA-Ⅱ对该管网在两个加氯点时的加氯量-合格水进行计算，结果如图 6-11 所示。

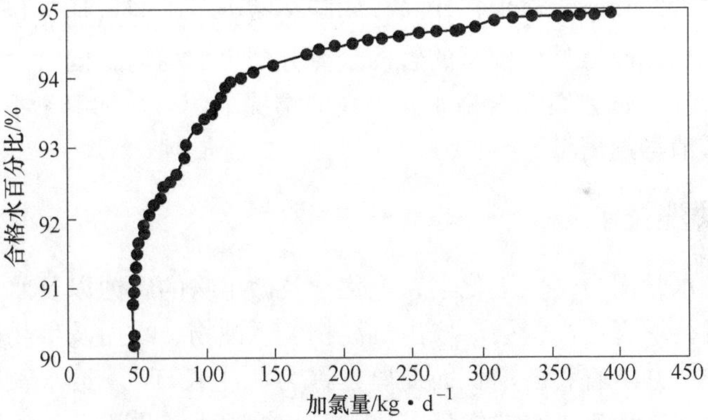

图 6-11 模型加氯量-合格水百分比变化

图 6-11 中可以很明显的看出，当合格水量在 90%~92%之间时，稍微增加氯投加量就能获得很高的合格水百分比收益；当合格水量在 92%~94%之间时，曲线的斜率有所降低，这意味着在这个阶段增加一定的氯投加量获得的收益有所减小，但是仍然有可观的效果；然而，当合格水量大于约 94%时，曲线的斜率大幅降低，即此时增加氯投加量获得的效益很少，甚至投加量到达 400kg/d 时对合格水百分比也只有 1%的增加，显然这一段的经济效益是非常低的。

以 0.1%为间隔，对比在 93.8%~94.3%之间的总加氯量，结果见表 6-5，表中当合格水从 93.8%开始，每提升 0.1%所需要的加氯量提升分别为 3.35kg/d、6.57kg/d、10.47kg/d、14.61kg/d 以及 10.75kg/d，显然提升越高所需要的加氯量的增加幅度越来越大，为了不过于浪费资源，同时又保证有尽可能高的合格水量，选择 94% 作为下限，此时水源点加氯浓度为 0.85mg/L，泵站浓度为 1.36mg/L，总加氯量为 120.26kg/d，如表 6-6 所示。

表 6-5　合格水量-加氯量对比

合格水量/%	总加氯量/kg · d^{-1}	水源加氯量/mg · L^{-1}	泵站加氯量/mg · L^{-1}
93.8	111.34	0.80	1.22
93.9	114.69	0.82	1.28
94.0	120.26	0.85	1.39
94.1	131.73	0.87	1.89
94.2	146.34	1.11	1.22
94.3	157.09	1.15	1.60

表 6-6　加氯量优化方案

第二水厂/mg · L^{-1}	平安泵站/mg · L^{-1}	总加氯量/kg · d^{-1}
0.85	0.2	120.26

以上加氯方案与原方案进行比较，实际是减少了水源点加氯量，增加了泵站加氯量，这样加氯使得整个模型的管网余氯分配更加均匀，同时，相比于原先加氯量 199.87kg/d，该方案在合格水量不变的情况下使得总加氯量下降了 39.83%，有效地节省了消毒剂用量。

6.2　管道冲洗技术

在城乡给水管网中，由于化学、电化学及微生物的腐蚀以及水质的稳定性差等因素的影响，沿管道内壁会形成由沉淀物、锈蚀物、黏垢及生物膜相互结合构成的环状物质，并随着管龄增长而变厚，称为“生长环”。给水管网在运行过程中，管内水流方向、压力突然发生变化时，在管内水流作用下，管道内生长环部分脱落，容易出现“黄水”“黑水”，并且管道内水是沿着生长环流动，造成给水管网水质二次污染。生长环缩小了管道有效直径使管道的摩阻大幅增高，增加供水阻力，使管道运行的水头损失增大，造成用水户水量和水压的严重不足，为了保障正常供水，满足生产、生活需要，水厂（水源）送水的水泵扬程就要提高，供水电耗也随之增大，造成供水企业的经济效益损失。管道内的生长环加剧了对余氯的消耗，这不仅降低了管道内的杀菌效果，还增加了投药成本。另一方面龙头水可以直饮，是今后的发展趋势，这就要求加强对供水管网清洁、安全的管理。生长环的清除方法很多，用哪种方法应该考虑因素包括：操作方便，对正常供水影响小，成本低，清除效果好。

给水管道生长环的清除可以分为机械除垢、水力冲洗、化学清洗。清除管道内锈垢并采取必要的防腐措施，不仅可恢复通水能力，降低电耗，而且可改善管道内卫生状况，保障供水水质。

6.2.1 化学药剂法

在城乡给水管网中使用化学药剂方法是困难的。首先，在旧给水管道难以形成封闭系统，这样不仅使药剂流失，降低清洗效果，更重要的是，危及供水水质安全；其次，管壁上的生长环是不均匀的，薄处或暴露的管壁部分极易受到酸的腐蚀，药剂法的效果难以控制且残留于生长环空隙中的药剂清洗难度大；第三，药剂法成本偏高。该方法多用于循环冷却水管道以及车间的某些生产管道，对于城市供水管道难以形成封闭的系统和水质安全的考虑，不宜采用化学药剂法。

6.2.2 机械刮管法

20 个世纪 60~70 年代，管道清洗大多用电钻等简易机械或者拉钢绳和用竹竿捅等手工方法进行。到了 80~90 年代，使用如液压绳索的拉拽、疏通机械的钻刮等半机械化的方法。对管径的适用范围在 75~1000mm 之间，对于管径大于 450mm 的管道应用不普遍。对管道的刮管长度可达 100~250m。尽管机械刮管法在一定程度上有效，但是需要断管和停水，遇有管道附件等，施工比较困难，并且耗时长、效率低。适用于清除具有坚硬积垢的给水管道。刮管后应立即涂衬，否则更易腐蚀。

6.2.3 炮弹法

炮弹法因用于清洗管道的清洗器头部呈炮弹形状而得名。“弹头”多用聚氨酯材料制成。清管器表面带有钢针，由水压 0.2MPa 的水力驱动，可用于不同的管径。管道清洗之前，封闭待清洗管段。使用炮弹发射体使弹头容易进入管道，减少弹头经过的时间。该方法适用于不硬的生长环。在管网末端或在低压区工作困难，特别是当清管器要通过闸门、弯头等管件时就更困难。此外，在清管时，需要设置专门的进、出口，限制了此方法的应用。炮弹法清洗的示意图如图 6-12 所示。

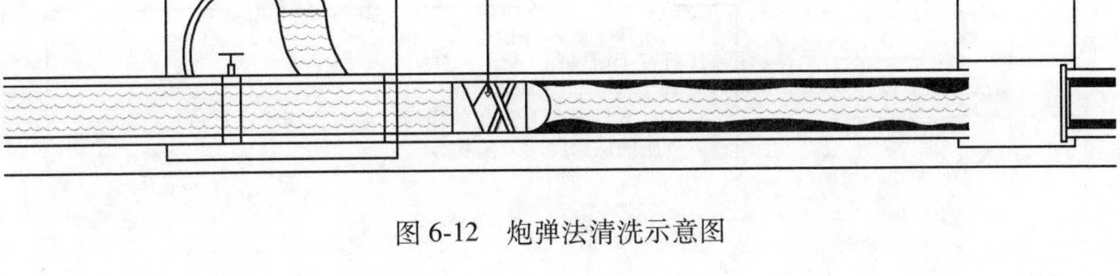

图 6-12 炮弹法清洗示意图

6.2.4 水力清洗法

水力清洗法是用一定水压的高速水流对管道进行冲洗，是最简单的管道清洗方法。水力清洗的水从管段中流出，通常是从消火栓流出，产生足够的速度，将管壁上的沉积物和内壁生物膜清除掉。流速是一个重要的参数，取决于沉积颗粒大小和比重。水力清洗方法在国内外应用较多。其主要特点是操作方便，简单易行，该方法适用于给水管道内壁仅有松软的积垢，尚未形成较坚硬的生长环，对较坚硬的生长环冲洗效果不佳，对于较大的管径，水力清洗效果不理想，而且耗水量过大。主要用于对管道保持经常性的清洗，使之不形成坚硬的生长环。

管道水力清洗应在管网系统建模的基础上进行，根据管网的拓扑结构、阀门布置、消火栓的布局，科学的确定管网正向冲洗还是逆向冲洗、管网最大流速和管网清洗流量以及在管网冲洗过程中对周围的影响。

水力清洗流程图如图 6-13 所示。

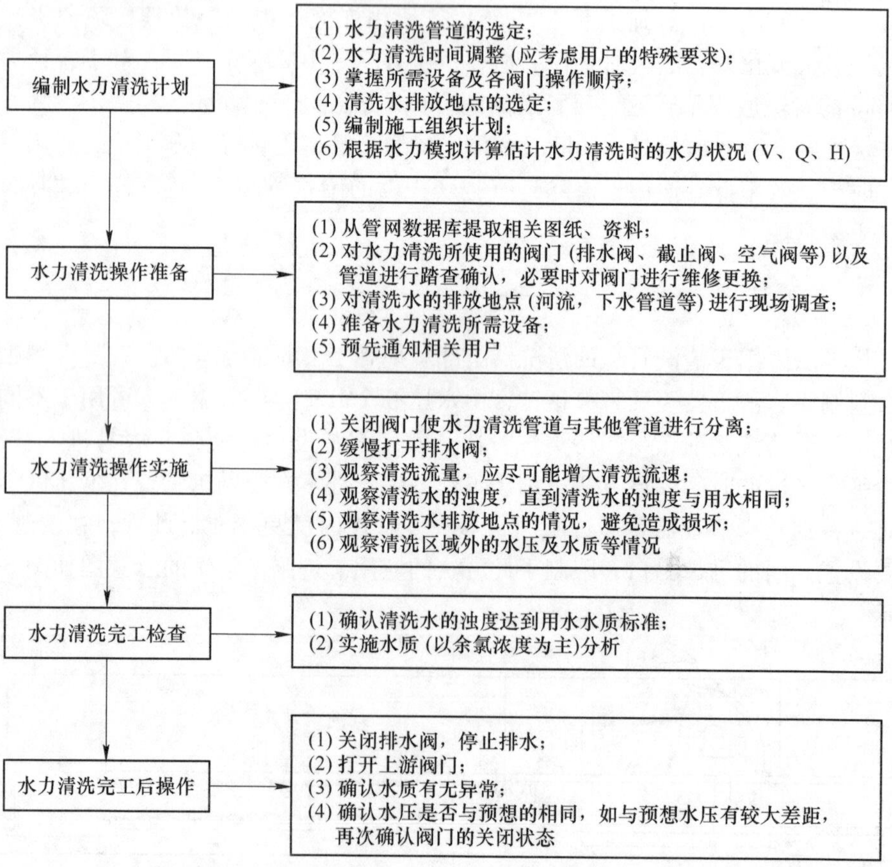

图 6-13　水力清洗流程图

6.2.5 高压射流法

高压水射流是用高压泵提供的高压水，经高压胶管送至喷头，由喷头上的喷孔将高压低流速水流转变为低压高速射流，以射流冲击生长环，完成清洗的作业。喷头要能自行在管道中运动，喷头产生的射流能够均匀冲洗管内壁，并产生向前的推力。根据流体动量定律，若喷头以一定角度向斜后方射流，既能产生对管壁的冲击力，又可保证对喷头和胶管的推力。喷头在管内的射流示意图如图 6-14 所示，喷头在管内的实际工作情况如图 6-15、图 6-16 所示。

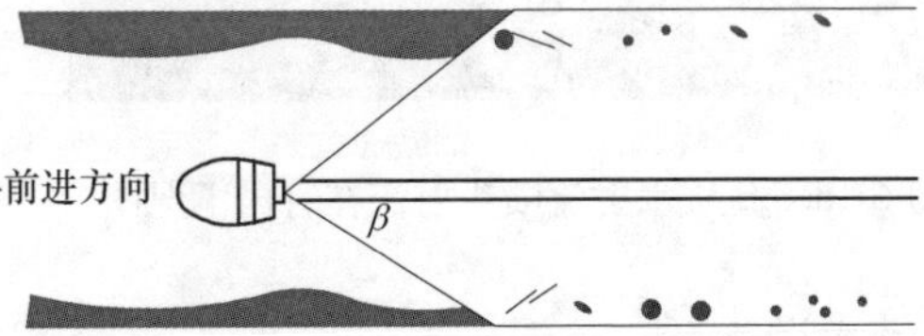

图 6-14　高压水射流喷头射流示意图

图 6-15　高压水射流喷头射流工况图

喷头推进力 P 推：

$$P_{推} = \frac{\rho V^2}{2}\cos\beta \tag{6-14}$$

管壁所受的冲击力在垂直于管壁方向上（半径方向）的投影力：

$$P_{冲} = \frac{\rho V^2}{2}\sin\beta \tag{6-15}$$

图 6-16 所示为在管内摄影，从照片可清楚的看到，经过一次冲洗后，两侧管壁已清楚的显露出来，仅在管底部还剩有少量积垢，该照片是第二次冲洗工

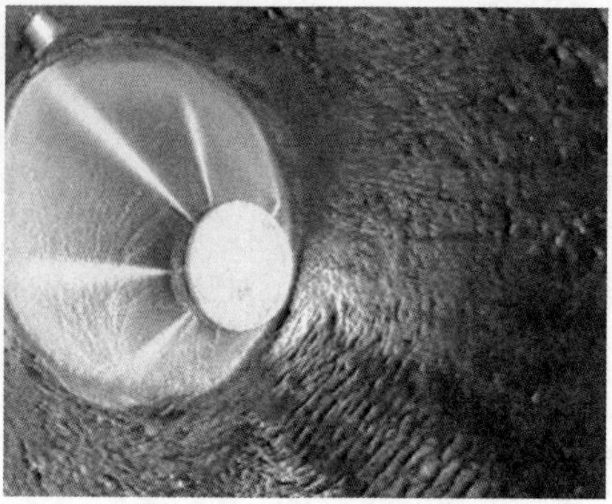

图 6-16　高压水射流喷头射流在管内工况图

况，可基本把生长环清洗干净。

给水管道内壁锈垢外层属于机械黏附的软质黏性附着层，比较适合于利用高压水清洗。管壁的生长环属于特殊黏附的坚硬和脆性的附着层，所需压力要高。对于软质黏性附着层，轻微的加载就会引起不可逆的变形，作用于生长环表面的剪切力可使附着层剥离，不需要较大的正向冲击力。但对于靠近管壁较硬和脆的附着物要用较大的冲击力使其破裂，当两条或更多的裂缝交叉时，就会有碎片剥落下来。

6.2.6　多相流管道冲洗法

6.2.6.1　气水脉冲管道冲洗法

气水脉冲管道清洗法是利用空气压缩设备产生高压气体，利用气水脉冲发生装置将高压气体以一定的频率充入管道内，在管内形成气-水脉冲，高压气流的高动量迅速转化成水流的冲量，在管内形成弹状流冲击生长环，并在生长环上产生气蚀效应，使生长环脱落，并随着高速气-水两相流排出管外。该清洗技术不使用化学药剂，只有空气和水两种物质，不会产生化学污染，纯属物理过程；利用计算机进行测控，简单可靠；输入脉冲和排除锈垢装置均安装在检查井中，在原有管道附属设备上进行施工，无需断管或开挖路面，减少了工程投资。

2006 年，李运长等应用气水脉冲清洗法清洗供热管网，认为该方法具有良好的清洗效果，能够迅速恢复供水、供热能力，清洗效率高。2007 年，宋安坤采用气水脉冲技术，清洗了 $DN \geqslant 400$mm 的大口径给水管道和小区给水管道。获得了清洗大口径管道的重要的工作参数，以及清洗小区管道的标准操作流程。通过经济和社会效益分析，认为该方法可改善用户水质，减少供水阻力、减低供水电耗、节约水资源、延长管道寿命。同年，丁玉海等通过一系列工程性试验研究，证明气水脉冲管道清洗技术可以有效地清除管径大于 *DN*400 的管道内的生长环，并取得了清洗不同直径管道时的最佳工作参数。2009 年，刘从胜搭建了气水脉冲清洗给水管道的试验平台，通过试验研究发现在供气压力设定为 0.45MPa，供水流量设定为 $0.0050m^3/s$ 时，充气-停气时间为 4~5s 时管道内水流紊动最剧烈，此时的清洗效果最好。2010 年，刘海星通过一系列试验数据得出了最佳充气-停气频率，认为停气时间与流体的速度、总压力是线性关系，利用计算流体力学软件模拟计算出气水脉冲管道清洗过程中试验管段内的流速、压力变化情况，并分析了管内流速、压力分布情况。2011 年，王彤等人分析了清洗过程中余氯、浊度等水质指标的变化，并且对比了传统的单向清洗法和气水脉冲法的耗水量，结果显示气水脉冲法比单向流法清洗耗水量节约 94.88%，相应的清洗耗水水费节约了 95%。2012 年，韩晓曦深入探讨了管道清洗中不同进气喷嘴形状和位置对清洗效果的影响，并且得出了每种喷嘴位置和形状组合下的最佳清洗频率，利用计算流体力学软件对两相流清洗试验中的一个周期内的工况进行了仿真模拟。2012 年，张玉杰提出了在清洗水中加入固体颗粒的气水脉冲清洗方法，通过颗粒与管壁间的碰撞，加大了对管壁的冲刷，提高了清洗效果。

6.2.6.2　三相流管道冲洗法

与两相流冲洗不同的是，三相流管道冲洗法中需加入固体填料，固体颗粒选用颗粒密度在 $700\sim1000kg/m^3$，粒径在 5~10mm 范围内的陶粒颗粒。由于其比重略轻于水，在通入压缩空气时，可以搅动三相流体，利于流体的混合和运动。固体颗粒可以对管壁产生比气液两相冲洗时更大的摩擦剪切作用，可以听到管壁和陶粒颗粒摩擦作用的声音，这证明在加入了固体颗粒以后，可以起到一定的切向剪切的作用。在实际工程中，这种剪切作用可以降低“生长环”对管壁的附着力，使其更容易被之后的气液两相流冲洗下来。

6.2.7　几种管道清洗方法对比

通过几种方法技术参数的对比可以看出，多相流管道冲洗法的优势比较明显，主要表现为：适应性强，可以清洗较硬的腐蚀物；清洗效果好；单次清洗距离远比其他几种清洗方法长；清洗时间短；耗水量较低；清洗成本低等。表 6-7 列出了以上几种清除管道生长环的方法的参数。

表 6-7 各种管道清洗技术对比

项 目	化学清洗法	水力清洗法	高压水射流法	多相流管道冲洗法
针对垢质	软硬垢皆可	软垢	软硬垢皆可	软硬垢皆可
可操作性	较容易，有一定危险性	容易	复杂，有一定危险性	中等难度
单次清洗长度	不超过 300m	100~200m	30~40m	1km 以上
清洗时间/h	视积垢多少而定	视积垢多少而定	4~8	2~4
消耗水量	—	多	少	中
成本	高	高	低	低
缺陷	污染环境	无法清除硬垢	清洗距离短	

6.3 管道非开挖修复技术

6.3.1 管道修复的意义

修复管段的确定应依据管网模拟及其工程数据库，首先是余氯消耗速度快的管段，漏失点多的管段，水头损失大以及超过服务年限的管段。

为了改善供水水质，仅从改进水处理工艺和加大投氯量等措施是不够的，应该从改善管道卫生状况的角度出发。完全采用换新管的方法不是最佳方案，不仅造价高，而且施工断水时间长也给用户带来很多不便。众所周知，更大的困难是道路开挖在很多地方已成为不可能，即使允许开挖，补偿费用也是很大的。对于尚具有一定强度的旧管道，宜采用免开挖的修复技术使管道更新，恢复其通水能力。管道非开挖修复技术在国外发展很快，在我国城乡一体化供水进程中有广阔的发展前景。

6.3.2 反转法内衬软管

当修复的管道尚具有足够强度时，用无毒的复合纤维布作内衬，利用反转原理把复合纤维布引入管内，并使之粘结在管的内壁。具体工艺流程是：用气压脉冲法冲洗管道→用清管器（或刮管器）清除硬垢→检查管内壁状况，达到要求后→用清水冲洗→烘干→将复合纤维布引入管内→将筒状的复合纤维布粘结在管壁→固定。原理及工艺流程见图 6-17。

6.3.3 内衬管法

改性聚乙烯内衬管是旧管道修复技术采用的新材料，该材料是进行旧管道内衬法修复的优质材料，其性能参数完全可以满足实际工程的需要。将无毒、无公

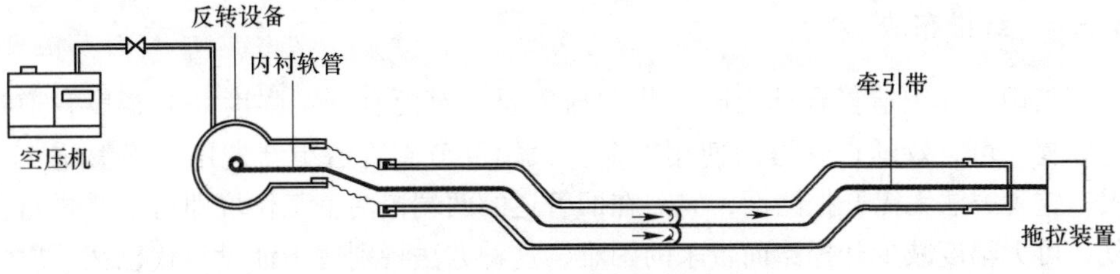

图 6-17 内衬软管工艺图
（由哈尔滨工业大学赵洪斌教授提供）

害、防腐的材料改性聚乙烯用于旧管道的修复，将其衬入旧给水管道，阻力系数 C 值可达 130~150，通水能力达 95~98%，并改善供水水质。

该材料还具有显著的社会效益和经济效益。该内衬材料具有无毒、防腐、寿命长、不结垢等优点，可以防止管道中水质受到“二次污染”，从而进一步提高城市供水系统的服务水平，使用户对供水系统的可靠性更加满意。旧管道修复所需工程费用及材料费用总和为更换一条同样管道所需工程费用及材料费用总和的 1/5~1/3。

修复工艺操作简单、停水时间短、施工工期短，只需在被修复管段两端挖两个工作坑即可，不需要对路面进行大面积开挖。

工艺流程如下：

（1）勘察。首先应通过管道摄像机探测系统，实际了解被修复管段（母管）的管径、埋深、坡度、管段附件（如消火栓、阀门等）以及相关联管段、管线具体情况，判断管道的腐蚀程度以及漏失的状况。

（2）断水。关闭与被修复管段相连接的阀门，使管段处于断水状态。然后对被修复管段进行开口，用水泵将管段中剩余的水抽干。

（3）清洗。旧管线经过多年运行，管内必然存在相当数量的沉积物附着在管壁上，或沉积在管道底部，对管道进行清洗去除附着物和沉积物。

（4）排渣。利用高压水泵将管道内的残渣清除出被修复管段。

（5）干燥。当管道内的生长环及残渣被清除干净后，使管段自然通风干燥或利用空压机吹风干燥。

（6）内衬。待被修复管段完全干燥后，在内衬管外壁均匀涂上适量的粘合剂，然后利用牵引机具把内衬管牵入母管，改性聚乙烯管外壁、铁管内壁之间有大量的空间（空气），加温、加压开始时，改性聚乙烯管逐渐鼓起时，两管夹层之间的气、水必须迅速排出。

（7）连接。当改性聚乙烯管与母管结合紧密后开始泄压，然后将做好内衬的管段与其他管段重新连接好。最后，打开与之相连接的管段上的阀门，管段正常运行。

6.3.4 纤维布法

采用“非织造复合纤维膜”作内衬管材，对尚有一定强度的旧金属管道进行修复，可有效延长管道的使用寿命，大幅度节省管道更新费用，缩短施工期限。这种方法无需开挖路面，只需在旧管道的两端挖两个工作坑即可对其进行修复，可大幅度减少开挖路面带来的困难，这种方法特别适于铺设年代已久、腐蚀较严重又难于开挖的管段，如主要街道、重要建筑物下面的管段。

衬管材料以检验无毒性、无刺激性的非织造纤维布为基材，与聚乙烯薄膜分别在热辊上加热到一定温度，即刻使两者热压，辊轧复合成非织造复合纤维膜。非织造复合纤维膜的一面是纤维布，另一面是聚乙烯薄膜，实践证明，两者的粘合强度要比纤维布材料本身的强度大。用非织造纤维膜作成衬管，聚乙烯层与水接触，避免水与金属管道接触产生腐蚀并减小阻力系数；纤维层涂以树脂胶和凝固剂与旧管道（即母管）粘结，使衬管和母管浑然一体。这样即可实现对旧管道的修复。

主要步骤为：

（1）加热。同步改性聚乙烯内衬管法。

（2）涂衬。待被修复管段完全干燥后，在内衬复合纤维膜外壁均匀涂上适量的粘合剂，然后利用牵引机具把内衬复合纤维膜牵入母管，再用空气压缩机对衬管充气一定时间，使衬管和母管粘结紧密。

（3）连接。当非织造复合纤维膜与母管结合紧密后开始泄压，然后将做好内衬的管段与其他管段重新连接好。最后，打开与之相连接的管段上的阀门，管段正常运行。

修复的成果包括：

（1）修复的管道通水能力达新管的95%以上，摩阻系数 C 可达130以上，延长管道使用寿命8~15年。

（2）该修复工艺具有施工方便、工期短、停水时间短、不需要大面积开挖等优点。

（3）该修复技术具有很好的经济效益，可大幅度减少施工费用。管道修复所需工程费用及材料费用总和为更换一条同样管道所需工程费用及材料费用总和的1/4~1/3；该修复技术在D市已获得了良好的实验和应用效果。

6.3.5 水泥砂浆涂衬

水泥沙浆衬里管道内防腐是一种成型工艺，将搅拌好的水泥沙浆分一次或多次涂衬，经过一定时间养护后，形成与管内壁结合紧密的高强度圆壳体内衬层，根据管径大小，确定涂层厚度。水泥沙浆涂衬标准，见ISO 4179—2005。

水泥沙浆衬里防腐技术，已在国内外给水管道上得到广泛应用。但该方法还存在一些缺点。

（1）柔韧性差。由于水泥沙浆在固化后弹塑性较差，不能满足给水管道对内衬的机械力学性能要求。当遇到水锤等高压冲击力或负压真空作用时，水泥沙浆衬里会出现裂缝，水会从裂缝处渗入，使内防腐层失去作用。同时，易发生脱落和大面积坍落等现象，而污染水质。

（2）减少管道的直径。水泥沙浆衬里，粗糙系数规定为0.012~0.0125，但由于表面不光滑，其值可达到0.013~0.014，且涂层厚度在3~12mm，大大降低了管道直径，影响通水能力，对大口径管道尤为显著。

6.3.6 水泥砂浆衬里对供水水质的影响

6.3.6.1 水泥砂浆衬里的腐蚀与软化

管道中的砂浆衬里会受到水中酸性物质的侵蚀，从而导致腐蚀，并发生脱钙（沙落）现象，进而污染水质。水泥砂浆衬里的内部腐蚀包括几种不同类型：一种为水中含有溶解钙的碳酸盐和水解盐（如胺盐及镁盐溶液）而导致腐蚀（脱钙）；另一种是超软水（去离子水）的腐蚀；第三种为 SO_4^{2-} 的腐蚀。对于自来水，第一种腐蚀最为重要，它导致了管道内衬出现软化、裂缝等现象。

6.3.6.2 水的碱化

碳酸盐含量低的软水的缓冲能力很弱，当石灰从水泥砂浆衬里的普通波特兰水泥中渗漏出来，就会导致水中的pH值上升。在砂浆中加入粉煤灰，高炉炉渣及熟化剂可初步解决水的碱化。

6.3.6.3 增加氯的消耗

管道在运行时，在管道的顶部是空气并掺和着氯气，水泥沙浆衬里因含有无机物，故可被氯氧化，从而导致氯的消耗。同时，水泥是多孔物质，氯也能够浸入其中。气体的氧化作用，也破坏了顶部水泥砂浆的附着强度，使之极易受损脱落，影响管道的水质。在实际工程中，钢筋混凝土管和水泥砂浆衬里管道的顶部会发现有明显的腐蚀现象，导致“落砂”而影响水质。

为了提高水泥砂浆的韧性和强度，促进水泥砂浆的水合反应，防止其碱性物质析出，在水泥砂浆表面再用无毒的环氧树脂涂料作涂层，也称之为复合涂层，并可以减少涂层厚度。

6.3.7 环氧树脂涂衬

利用无毒、无污染的防腐涂料来解决给水管道内壁的锈蚀问题，是一种既经济又有效的措施。无毒环氧树脂涂料是一种新型的给水设施用内防腐涂料，它具有干燥快、耐老化、漆膜韧性好，附着力强、抗冲击等优异性能。主要用于铸铁管或钢管内部防腐，可以克服铁管腐蚀所引起的水质感官上的问题。

6.3.7.1 环氧树脂涂料的特点

环氧树脂涂料是以环氧树脂为主要成膜物质的一种涂料。环氧树脂的主要技术特点：

（1）环氧树脂漆有许多羟基和醚基，能与底材相吸引，而且固化时的体积收缩率低，不会产生内应力而损及附着力。因此，环氧树脂漆膜对金属、陶瓷、玻璃、混凝土、木材等极性底材均有优良的附着力。

（2）抗化学药品性能优良，环氧树脂仅有羟基和醚基，没有酯基，其耐碱性尤其突出。

（3）环氧树脂因含芳环而坚硬，但由于含有醚键而便于分子键的旋转，因此又具有一定的韧性。

（4）环氧树脂含有环氧基和羟基两种活泼基团，能与多元胺、聚酰胺树脂、酚醛树脂及氨基树脂等配合，制成多种涂料，既可常温干燥，又可高温烘烤。

（5）环氧树脂具有优良的电绝缘性。

环氧树脂除了具有上述的优点，还存在着一些不足之处，如光老化性能差、低温固化差等。这些缺陷可以通过改善固化剂等方法来加以解决。

6.3.7.2 环氧树脂类型的确定

涂料的性能随树脂、填料和其他助剂的种类不同差异很大，特别是树脂基料占有主导地位。环氧树脂有很多型号，不同型号的性能有很大差异。由环氧树脂的结构通式和环氧值定义可知，随着相对分子质量的逐渐增大，其环氧值将随之降低，从而降低交联密度，使固化后漆膜太软；反之，环氧树脂分子量越小，其环氧值越大，交联密度也越大，固化后漆膜太脆，抗冲击能力差。作为高性能的环氧树脂涂料，既要求漆膜有很高的硬度又要有良好的韧性。

6.3.7.3 固化剂的确定

环氧树脂的固化反应是通过加固化剂来实现成膜，固化剂与环氧树脂进行交联反应而结合在漆膜结构中，它也称为交联剂。常用的固化剂主要有脂肪多元胺、聚酰胺和改性胺类固化剂。

在确定对管段采用环氧树脂涂衬法之后，要进行一定的准备工作以确保涂衬的顺利实施。首先需要进行管道清洗，清洗后的管道应涂衬。

在涂衬前要确保残水和残渣已全部去除。用经过滤后的压缩空气驱动一个比管径稍大的泡沫拭子呈现清洁和没有水分为止。可用热加压空气进行干燥。

对环氧树脂涂衬的要求见表6-8。

表6-8 涂料及涂膜的要求

试验项目			品质规定
涂衬		容器中的状态	主剂、硬化剂二者在搅拌时无硬块状物，要质地相同
		混合性	根据配合比，混合要均匀
		操作性	涂衬作业无障碍
		硬化干燥时间	48h内达到硬化干燥状态
		涂衬中加热残留	60%以上
涂膜	物理试验	外观试验	刷痕不明显，无开裂，无流淌
		弯曲试验	无裂及剥离现象
		冲击试验	直接冲击，剥离面积小于$3cm^2$，间接冲击无剥离
		附着试验	接口交接处虽有少许剥落，但不明显，在试件上无成块的剥落，剥落部分占正方形面积在5%以内
		反复高低温试验	无伤痕及剥离
		盐水喷雾试验	无胀、无锈蚀现象
		耐湿性试验	无锈、无胀、无剥落
	溶出试验	浊度	0.5*NTV*以下
		色度	1度以下
		过锰酸钾消耗量	2mg/L以下
		余氯的减少量	0.7mg/L以下
		臭和味	无异常
		氰	未检出
		酚类物质	0.005mg/L以下
		氯醇	未检出
		胺类物质	未检出
		甲苯	未检出

注：1. 浊度、色度、高锰酸钾的消耗量及余氯的减少值是指与水样对照的差值。

2. 低温、高温反复试验，用2枚试片涂膜、观察有无龟裂和剥离。首先将试片置于恒温箱中，20±1℃，保持2h，之后，在-30±1℃的恒温箱中保持4h，之后，在70±1℃的恒温箱中保持2h，再在20±1℃的恒温箱中保持17h，这称一个循环。这样反复进行4个循环。

3. 盐水喷雾试验，盐水喷雾时间为300h。

4. 耐湿性试验。将试片放置在温度为50±1℃，相对湿度95%以上的试验台上，经过120h后，取出2枚以上的试片，观察涂膜上距伤痕外侧3mm处是否有锈蚀、膨胀或剥落现象。

5. 参照JWWAK135：2000整理。

6.3.8 聚脲涂衬

聚脲涂料使用了端胺基聚醚和胺扩链剂作为活性氢组分，与异氰酸酯组分的反应活性极高，无须任何催化剂，即可在室温（甚至0℃以下）瞬间完成反应。

（1）涂料不含催化剂，快速固化，可在任意曲面、斜面及垂直面上喷涂成型，无流挂现象，5s 凝胶，1min 即可达到步行强度。

（2）涂料对水分、湿气不敏感，施工时不受环境温度、湿度的影响。

（3）涂料 100%固含量，不含任何挥发性有机物（VOC），对环境友好。

（4）具有优异的理化性能，如抗拉强度、伸长率、柔韧性、耐磨性、耐老化、防腐蚀等。

（5）具有良好的热稳定性，可在 120℃下长期使用，可承受 150℃的短时热作用。

喷涂聚脲设备的工作原理为 A（异氰酸酯组分）、R（活性氢组分）两种物料分别经由各自的抽料泵从料桶输送至主机进行计量，加压，升温，然后输送至喷枪，在喷枪混合后喷出。计量输送和混合系统是喷涂设备的两个主要系统。因此，喷涂聚脲设备必须具有：平稳的物料输送系统，精确的物料计量系统，均匀的物料混合系统，良好的物料雾化系统及方便的物料清洗系统。

7 城乡一体化供水信息化管理

随着城乡一体化供水的推进，自动化和信息化技术在农村供水生产、运营、服务和管理中的应用也越来越广泛。农村供水信息化建设，应结合农村供水工程特点，将计算机信息处理技术、自动控制技术、通信技术、传感技术、控制及优化理论与图像处理技术等充分融合，集先进性、实用性和易扩展性于一体，实现城乡供水精细管理，推进城乡供水专业化管理。信息化将在农村供水中发挥越来越重要的作用。

7.1 供水信息化常用软件介绍

7.1.1 SCADA 系统

SCADA 系统（Supervisory Control And Data Acquisition）是供水行业信息化建设中最广泛涉及的内容之一。SCADA 系统是数据采集和监控系统集成化的系统，利用通信主体和光缆传输相结合的通信技术，应用自动检测、现代通信、计算机等高新技术，实现影响供水过程各环节的采集设施设备数据、运行参数条件及各类信号报警等功能，辅助调度人员掌握供水系统实时运行工况，对现场设备进行控制，保证安全供水。

SCADA 系统结构由监控中心、通信系统和远程终端单元三部分构成。监控中心是基于 UNIX 或者 WINDOW 操作系统，由数据库服务器、通信服务器、监控工作站、调度工作站及大屏幕显示系统组成，通过网络集线器连接组成。另外，Web 服务器在 SCADA 系统控制中心应用也逐渐增多，用户通过安装浏览器软件，就可以访问获取具体生产调度数据。通信系统一般分为有线（电缆、光线等）和无线（电台、卫星等）是控制中心与各种终端设备例如泵站、阀门等之间信息交换的桥梁和纽带，具有极其重要的地位，通信系统的质量很大程度上决定了整个 SCADA 系统的可靠性和有效性。远程执行终端，包括通信处理单元、开关量采集单元等，主要用于数据采集，接受控制中心发出的信号，转发给控制设备，执行监控中心命令。

SCADA 系统通过无线或有线传输采集供水系统的各种实测数据，可以使调度人员实时掌握供水各环节的实际运行参数，为运行调度提供监测数据。该系统主要功能有生产数据采集、历史数据存储、设备状态监控、设备自动控制、重要事件报警、关键数据上报等，实施调度和控制指令，实现系统监控和决策控制，提供信息服务和资源共享。

SCADA 系统在原水系统中应用，采集原水管网的各种运行数据，包括水位、压力、流量、浊度、余氯等数据，执行调度和控制指令，需要传感检测仪表、执行设备和人机接口等。在制水系统中应用，对管辖范围内水厂指标进行监控，包括出厂水压力、流量、水质（浊度、余氯等）；泵站的进出水压力、流量、水质、水库水位、机泵运行状态；管网监测点的压力、流量、水质以及水箱水位等信息。

Web 系统通过提取及整合了供水 SCADA 系统中的生产数据，以网络作为发布平台，通过数据终端设备实时显示供水管网运行状态和水厂、泵站、管网监测点等重要数据。用户只需拥有一台连接网络的计算机便能访问查看相关的供水调度数据信息。

7.1.2　GIS 系统

GIS 系统（Geographic Information System）是以地理空间数据库为数据基础，利用空间模型分析方法，具有多种空间和动态的地理信息及信息分析功能，可为多种研究和决策服务的计算机数据管理系统。GIS 系统是基于 Arcgis、MapInfo、MapGis 等软件平台，Oracle、SQLServer 等数据库的地理信息管理系统。数据信息包括了供水系统地形电子图、管道竣工图以及所有管道及附属设施阀门设备等相关信息。数据库的更新工作量庞大，国内外软件供应商已开发出专业化应用平台。

GIS 系统在供水系统方面，具有对系统组成部分如管道、水库、泵站、阀门、水厂等属性信息的统计管理功能。其中，管道属性信息包括管道的长度、管径、起点标高、终点标高、管材、铺设年代等；水库属性信息包括库容、水位等；泵站属性信息包括水泵流量、设备功率等；阀门属性信息包括阀门厂家、型号、位置分布等；水厂属性信息包括生产能力、工艺流程、地理位置等。GIS 系统在供水管网方面，具有在线仪表及水质采样点管理、管网数据统计分析、竣工资料查询、管网工程管理、外业人员管理、历史维修养护记录、模拟设备分析、排水卡信息管理、存储并统计分析工程数据等功能。GIS 系统对于管道爆管抢修也具有重要的作用，供水管网发生爆管事件后，在 GIS 系统中输入爆管事件发生位置，管理人员就可以根据系统显示的信息，迅速采取应急措施，确定需要关停的阀门，制定合理的抢修方案，降低停水影响范围。供水系统管理人员还可利用 GIS 系统组织和管理时空数据，对供水系统数据进行科学的组织和管理，同时对供水系统的组成通过 GIS 可视化功能进行模拟和显示。

7.1.3　调度运行管理系统

调度运行管理系统是面向供水生产调度运行提供各种管理手段的信息平台，

它集各类供水生产调度信息于一体，为调度生产提供准确可靠的信息数据，是保证供水服务平稳安全的重要技术手段。

调度运行管理系统的目标在于满足水厂每日变化的用水量需求，并尽可能降低供水成本，节约供水电能，保证供水压力稳定，降低供水系统的管网漏损率，保证管网运行安全。调度运行管理系统主要功能包括生产运行的日常管理，统计查询水量，进行各类操作工单的管理、信息数据管理等。系统可以自动生成生产运行记录台账，定时自动刷新数据，包括管网压力、清水库水位、机泵运行状态等数据，原始数据及信息都保存在服务器上。通过安装相应的客户端应用软件，显示、分析、统计、打印服务器上的相关数据信息。在系统的实际应用中可以考虑对 Web 系统及调度运行管理系统进行互为数据及结构的备份，以确保数据的可靠性和安全性。调度运行管理系统服务器还可以通过 GSM 工业手机来收发相关的调度事件信息，使调度室与其他部门的顺畅沟通，确保供水管网安全运行。

7.1.4　管网水力水质模型系统

管网模型是通过水力、水质分析结合图形技术，建立反映供水管网实际运行状态的水力水质模型，对管网水体状态进行模拟，提供管网范围内压力、流量、流速、余氯等水力水质状态及变化信息，为生产管理人员提供运行决策依据。

管网水力水质模型系统的主要功能包括：管理管网模型数据，包括主管管路、主要阀门、水泵等设备设施信息；计算管网运行状态中的管道压力、流量、流速等水力信息；并根据管网中水量和运行方案的变化，模拟管网水力动态变化；模拟管网水质变化，通过水龄、余氯衰减等分析方法，对供水水质变化过程进行模拟；对管网中的爆管等事故进行模拟，为制定应急预案提供依据。

目前，管网模型常用软件有美国 EPANet、Stoner 公司的 SPS、MIKEnet、国内同济宏扬等软件。管网模型与管网 GIS 系统和 SCADA 系统联系紧密。管网 GIS 系统为建模提供管道、节点、阀门等信息；管网 SCADA 系统提供节点水量、压力等数据，用于模型的校核。

总体来说，供水管网建模在广大农村地区尚处于起步阶段，管网基础资料尚不健全，需要进一步的探索和研究适合城乡一体化的管网建模模式。

7.2　中小城镇管网模型构建

随着社会主义新农村建设的不断推进，城乡一体化进程逐步加快，中小城镇发展迎来新的契机，城乡供水集约化工作逐步展开。国内众多的中小城镇，其早期铺设的供水管网没有进行合理的管网规划，随着城镇的发展，供水需求不断提高。需要进行供水管网的合理布局，旧管网的更新改造，泵站、水库的合理运行，迫切需要对管网现状做评估，对今后管网规划、运行、更新改造进行指导。

提供城乡供水一体化后，对中小城镇供水安全运行保障提出新的标准和要求，输配水管网复杂程度增加，给水管网中水质变化的规律复杂，供水运行更加困难。通过基础资料收集、管网拓扑完善、运行参数输入及运行模拟建成动态模型，通过模型校验使之达到相应的精度，再利用模型进行管网现状的评估，指导管网规划、运行、改造成为当务之急。

7.2.1 管网水力计算原理

水力计算可以得出管网中节点的压力和管段的流量、流速等水力参数，是供水管网进行水力模拟的核心。管网水力计算，最早起始于1936年，由Hardy-Cross提出的误差校正算法，对环状网进行水力计算，并且成为至今仍在普遍应用的给水管网平差算法之一，之后又有众多学者提出了不同的计算方法。这些方程都是基于节点连续性方程和管道能量方程展开的。

管网基本方程组如下两式：

（1）节点连续性方程：

$$\sum_{p \in M} q_{\mathrm{p}} + Q_{\mathrm{i}} = 0 \tag{7-1}$$

式中 Q_{i} ——管段 p 的管段流量，m^3/s；

q_{p} ——管网中节点 i 的节点流量，m^3/s。

（2）管道能量方程（水头损失方程）：

$$\Delta H_{\mathrm{p}} = H_{\mathrm{i}} - H_{\mathrm{j}} = S_{\mathrm{p}} q_{\mathrm{p}}^{n} \tag{7-2}$$

式中 ΔH_{p} ——管段 p 的水头损失，m；

H_{i}，H_{j} ——与管段 p 直接连接的节点 i 和 j 的压力，m；

S_{p} ——管段 p 的摩阻；

q_{p} ——管段 p 的管段流量，m^3/s；

n——指数。

以上述两式为基础衍生出来众多的计算方法，将各种方法统一起来可以分成三类，即解环方程、管段方程和节点方程。

（1）解环方程。解环方程是在满足连续性方程的条件下，不断修正管段流量，降低环闭合差，使环闭合差小于给定的精度，实现满足能量方程的目的。该方法求解的方程数少，是最为常用的手工计算方法，但由于要拟定管段的初始流量，因此不适用大型管网。

（2）解管段方程。解管段方程是通过直接求解连续性方程和能量方程，计算得到各管段的流量和水头损失，再根据节点水压求解得到其余各点水压。基本思路是以管段流量为未知变量代入到基本回路方程中并联立节点连续性方程进行求解。该方法的方程总数多，而且需要输入回路矩阵信息，相比之下求解也比较复杂。

（3）解节点方程。解节点方程相对解环方程和解管段方程而言，更为直接，其关键是如何将以管段流量为自变量的管段能量方程转换为节点水压为自变量的表达。基本思路是拟定好节点的压力后，对于管网中的 N 个节点只要求解 $N-1$ 个方程，通过连续性方程求解节点的校正流量 ΔQ_i 和节点的校正压力 ΔH_i，并进一步校正节点的压力，直到所有节点的 ΔQ_i 满足精度要求，则停止计算。该方法求解的方程数量少，不需要输入回路（环）信息，并且其方程组的系数是一大型系数对称正定矩阵，有利于计算机求解，因此得到普遍使用。

简而言之，管网平差就是求解某组节点压力和管段流量参数，使管网水量和能量达到平衡状态的过程。以上是管网水力分析原理和计算过程的简单描述，解节点方程的基本流程可如图 7-1 所述。

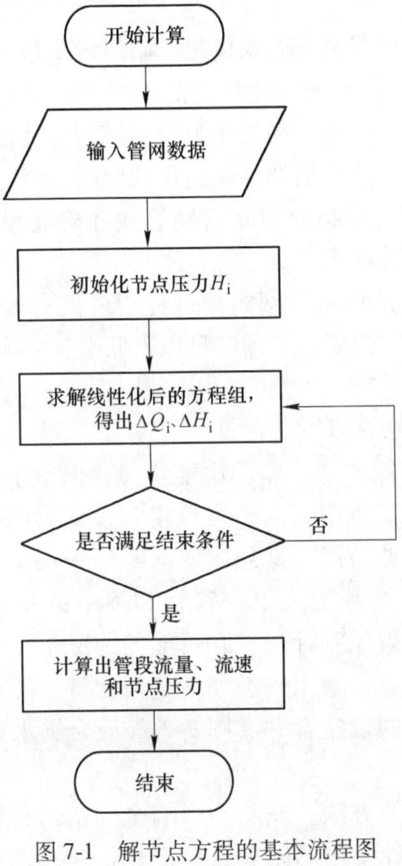

图 7-1　解节点方程的基本流程图

7.2.2 供水管网建模方法

供水管网管道及附属设施数量多、规模大、管网布置复杂多变，供水管网模型是将供水管网抽象和简化为图形和数据，实现对供水管网的表达和综合分析，便于供水企业对其规划、设计和运行管理。

供水管网的模型化是一种简化和抽象的过程。供水管网系统的简化是指从实际管网系统中去掉一些次要的给水设施，减少计算分析的对象数量，保留主要对象；供水管网系统的抽象是指忽略模拟分析对象的具化特征，只考虑对象的拓扑关系和水力特性。

将水量数据以及水泵、管道、阀门、水库或水塔等特性数据和属性数据，按一定要求代入管网水力平差方程，就可以得出一些计算值，如节点压力、管线流量等。若这些计算值和实际管网的测试值相吻合或在允许误差范围，即完成了水力建模的过程。

7.2.2.1 管网拓扑结构的简化

简化对象包括供水管线及其附属设施，附属设施包括泵站、调节构筑物（水池、水塔等）、消火栓等。根据简化目的的不同，供水管网拓扑结构简化的过程和结果也不完全相同。对供水管网简化为管网模型，就是把工程问题转化为数学问题，最终应用到实际系统。拓扑结构简化的原则有：

（1）宏观等效原则，是指对供水管网管线和附属设施简化后，要保持其原有功能和各部分之间的关系不变。

（2）微误差原则，是指将管网简化过程中模型与实际系统的误差，控制在一定范围内。管网拓扑结构简化必须满足以上原则，才能保证模型最终的应用具有科学性和准确性。

拓扑结构简化的方法有以下几种：

（1）管线简化的一般方法。删除次要管线，保留主干管线和干管线；合并密集点线，如当管线交叉点很近时，可以将其合并为同一交叉点；去掉全开阀门，切断全闭阀门；除调节阀、减压阀等需要给予保留；采用水力等效原则将不同的管材和规格的管线等效为单一管材和规格；并联管线可以简化为单管线，其直径采用水力等效原则计算；在可能的情况下，将大系统拆分为多个小系统，分别进行分析计算；输水管道如不是枝状管，不论直径大小，不能简化掉；将同一处的多个相同设施合并。图 7-2 所示为供水管网简化前和简化后示意图。

（2）附属设施简化的方法。删除不影响全局水力特性的设施，合并同一处的多个相同设施，是两种常用的附属设施简化措施。例如，全开的闸阀、排气

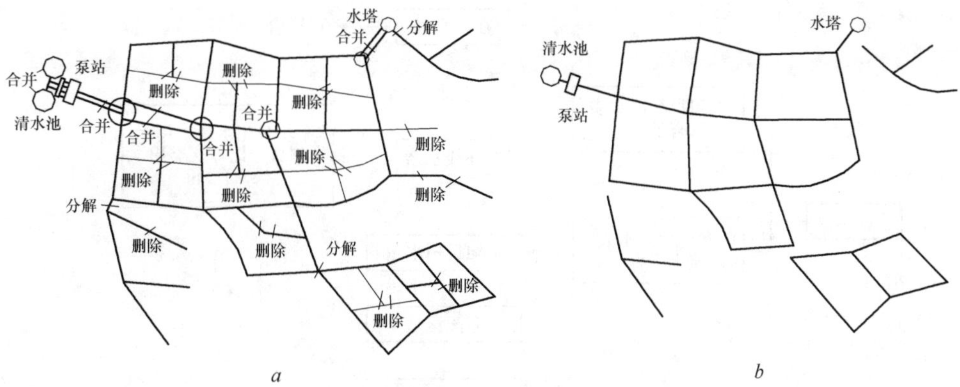

图 7-2 供水管网简化前和简化后示意图

a—简化前；*b*—简化后

阀、泄水阀、消火栓、检查井等，在简化过程中可以删除；同一处的各水量调节设施（清水池、水塔、混合调节池等）合并，并联或串联工作的水泵或泵站也可以进行合并。

7.2.2.2 给水管网节点流量计算

为了进行给水管网的细部设计或模拟，必须将最高日的用水流量即总流量对应分配到系统中去，即将该水量分配到管网中的每条管段和每个节点上。给水管网节点流量分配流程如图 7-3 所示。

7.2.2.3 常用分配方法

常采用的分配的方法有比流量分配、用地类型分配、按营业收费号或块号分配和按水表对应位置分配等。

A 比流量分配

比流量分配是最常用的方法。首先将用户分为两类，包括集中用水用户和分散用户。集中用水用户是从管网中的一点取得用水且用水量较大的用户，其用水量称为集中流量，如工业企业、事业单位、大型公共建筑等用水，取水点一般是管网的节点。分散用户则是从管段沿线取得用水且流量较小的用户，其用水量称为沿线流量，如居民生活用水、浇路或绿化用水等，水量由管段的沿线供应，一般按照管段沿线比流量原则分配。

比流量分配法易于操作，适合于管网密集、大用户少、用户分布比较平均的区域。但对于管网稀疏不均、大用户较多且较集中的管网，比流量分配法可能会存在较大的误差。管径在 *DN*500 以上的主干管一般不直接连接用户，因此，在比流量分配时候，只针对管径在 *DN*500 以下的支状管分配流量时，效果更佳。

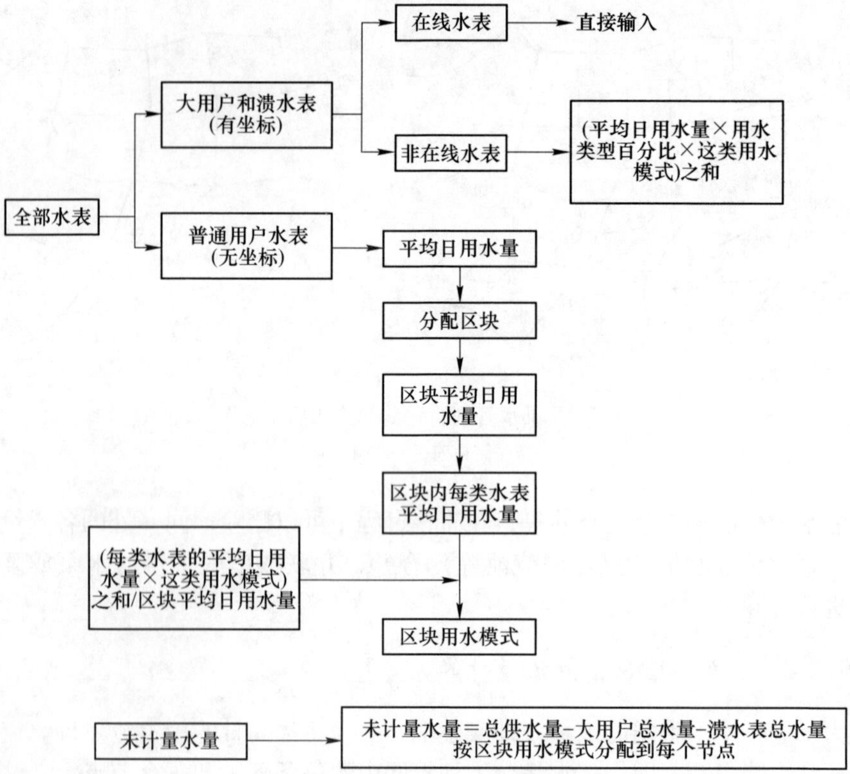

图 7-3　节点流量分配示意图

B　按用地类型分配

在地形图上划定不同的用地类型，根据用地类型对管段和节点进行流量统计和分配。该方法采用单位面积用水量指标，一般用于城市规划或者在没有详细的资料的情况下。城市总体规划阶段，常采用单位建设用地综合用水指标，比较简便。在城市分区规划、详细规划阶段采用不同用地性质的用水量指标分项指标，具有较好的适应性。在应用时，应根据本城市的特点，结合现状水平，考虑近远期的发展，并视具体情况对用水量指标做相应调整。

C　按营业收费册号或块号分配

按营业收费册号或块号分配方法的计算过程分为三个步骤。

第一步，建立了模型节点与营业用户的对应关系。按营业收费册号或块号在地形图上划定节点流量区域，并在该区域内选择一点或多点，代表该区域所有用户的代表点。

第二步，制作用户用水模式曲线，该过程的目的是寻求大用户和具有代表性的用户类型的用水规律曲线。基本原理是系统水量平衡方程。其中无计量用水模式计算方法有两种："夜间净流量法"和"平均流量法"。

第三步，确定节点流量，根据每类用户的用水模式曲线和用户的平均流量值，求解各个用水量节点各类用户的各时段用水量。

该方法节点划分方法显得较为简略，适合于尚未建立给水管网 GIS 或 GIS 不完善的中小城镇。

D 按水表所在位置分配

当存在成熟的 GIS 系统时，应该按照营业收费数据库中的记录，把水表的抄见数（即用户的用水量）分配到水表所在的 GIS 节点上。其他各步骤同方法二。如果水表和 GIS 节点的对应关系比较完善，这是最准确的水量分配方法。

节点流量分配的主要数据来源于人工测试记录、SCADA 在线监测系统和营业收费系统。数据源中包含了各水表水量的原始数据，进行转化计算可得出各水表的水量，对水表水量监测记录进行模式提炼可得出用水模式；结合水表水量和用水模式，以及水表与区块对应关系进行区块信息提取，可得出区块的水量和用水模式；最后根据水表水量和用水模式，及节点和水表的对应关系可得出独立节点的用水量，结合区块信息和节点与区块的对应关系可计算出普通节点的节点用水量，数据流向如图 7-4 所示。

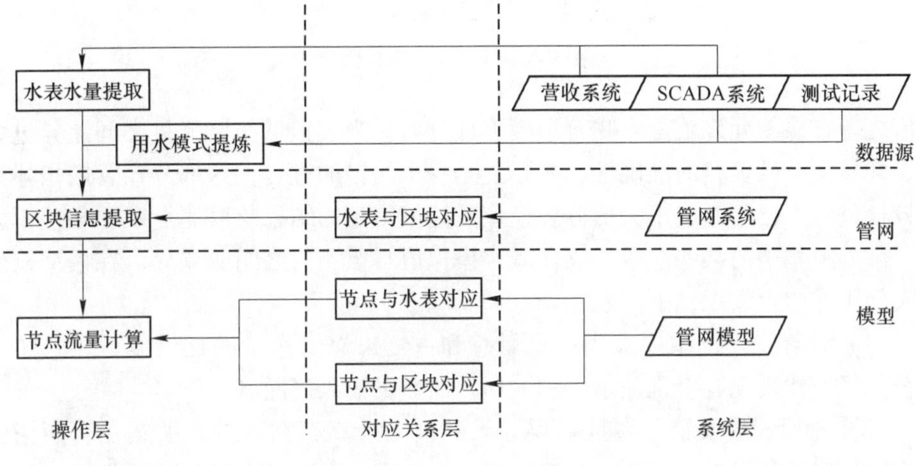

图 7-4 数据流向图

7.2.3 管网模型校验

供水管网模型校验是管网建模项目中关键的一环，既决定了模拟结果的精确程度，也直接决定了模型的可靠性和实用性。模型校验工作具体的操作流程如图 7-5 所示。模型校验的整体思路是比较监测点的监测值与模型计算值之间的差异，找出存在差异的原因，完善、修正模型，消除或减小差值，直到模型计算值与监

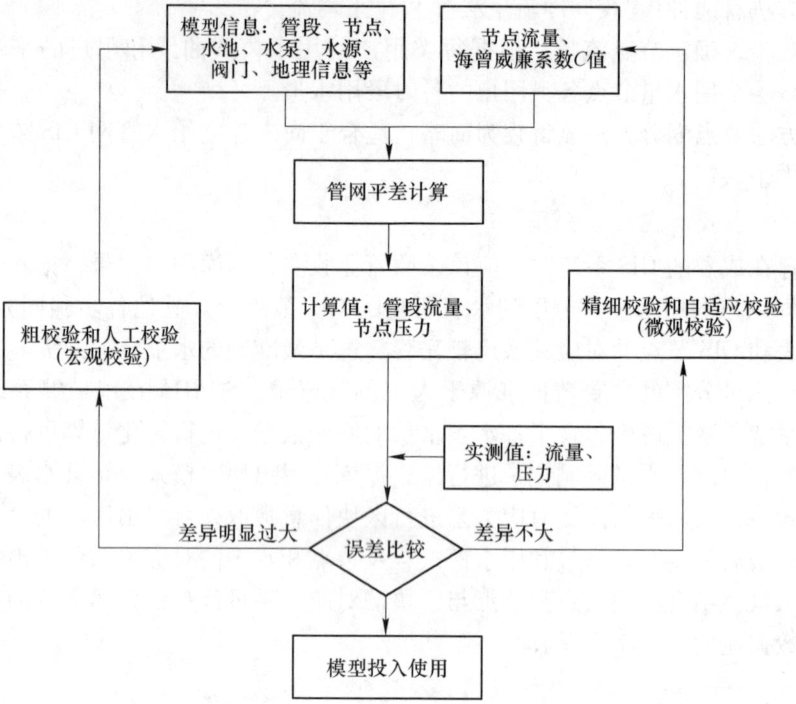

图 7-5　模型校验流程图

测值之差在误差允许范围内吻合。模型计算时，当模拟量与监测量之间差异过大时，即核实基础资料的准确性，实际上是一个纠错的过程，这部分在管网拓扑结构校核过程中已经完成了大部分。模型计算值得到的结果与监测点数据相差不大时，微调模型中的某些参数，以便减小模拟值与监测值之间的差异。在模型校验的实际工作中也发现以下问题：

（1）计算发现模型中大用户水量总和占全市总供水量的比例偏低，与实际不符，经查找发现有个别馈水表和大用户的数量输入遗漏。

（2）管段连接及管段属性错误导致的模型计算存在偏差。虽然在管网拓扑结构校核时进行了连通性检查，使管网连成一网，大大减少了不连通情况，但还是存在个别管道不连通的现象。通过水流方向进行校核工作，发现无法连通的点位，并进行修复。

（3）发现水厂车间某几个时刻出现倒流，通过实地核查了解，该水厂车间出厂管处经过改造，并且与该厂管道连接处设有止回阀，经修改后无倒流现象。

（4）水厂车间几根出厂管模拟流量分配不均，经核实该水厂车间与其他车间之间的联通阀门是关闭的，而且该车间的出厂管流量仪安装在联通阀门之后。经修改，该车间流量分配较均匀。

（5）管网泵站中途泵站之间，部分时刻出现水量倒流和打回笼水现象，经过分析，是由于管道中有些阀门是常关阀门，请相关管理人员来进行核对，修正后倒流现象得到解决。

模型在经过长期修正校核以后，在供水企业的生产调度、管网维修与更新计划和运营决策等各方面都将发挥更大的作用。

7.3 二次供水信息化

7.3.1 二次供水信息化背景

近年来，随着公众对供水安全和水质的广泛关注，供水管理单位迫切需要由传统粗放型运营转变为精细化管理，对于城乡一体化供水而言，精细化的全过程动态管理发展模式已经成为了城乡一体化供水的发展趋势。

二次供水全过程精细化管理涉及供水水质、水量、仪器设备管理、用户规模、用水特征等各个方面，需逐步提升信息化水平，在突发异常时保持良好的沟通能力和快速的反应能力。对结构复杂、种类繁多的二次供水现状而言，信息化手段是实现二次供水全过程动态管理的重要手段，它将实现现代信息技术与先进的管理理念相融合，转变二次供水企业的生产方式、经营方式、业务流程、管理方式、组织方式等，提高二次供水的管理效率保障和供水水质安全。企业的精细化全过程动态管理要求企业在专业化的基础上，还应该注重企业的系统化、数据化和信息化，这也对城乡一体化供水提出了更高要求。传统二次供水运行管理方式以人工巡检、定期进行设备管理维护、设施清洗等为主。随着现代信息技术的发展，物联网技术、先进测量技术等先进技术逐步被引进到二次供水的运行管理中，通过构建在线实时监测系统、智能监测水质情况和设备状态，提升管理和服务水平。随着城乡一体化供水的发展，在农村供水中逐渐推广信息化应用，保障农村供水安全。

7.3.2 二次供水硬件监测系统

二次供水硬件监测系统是由多参数水质在线监测设备组成。多参数水质在线监测设备由电源模块、数据采集传输模块、自动清洗模块、水质监测模块构成，采用壁挂式安装方法。仪表与服务器通信采用 GPRS 网络，所以安装位置需要有良好的手机信号，以使仪表能与服务器正常通信。实时监测系统可以远程监测各监测子站的水质数据，对水质实时在线监测，一旦发现水质有浊度、余氯、pH 值超标等异常情况可报警。二次供水多参数水质在线监测设备的运行为及时发现和处理水质问题创造有利条件。

7.3.2.1 电源模块

电源模块采用电能表、开关电源、空气开关、保险丝和控制器构成。采用220V，50Hz市电供电，设备必需安装在有市电的地方，或是方便220V市电接入的地方。为方便监测监测仪的用电情况，配电箱内装有电能表。

7.3.2.2 数据采集传输模块

用户可以使用该模块对一些室外数据进行实时监控，对室外设备进行远程控制。非常适用于一些工作环境恶劣且需要实时数据传输的场合。用户结合配套的手机APP可以在移动设备上实时查看、控制监控设备。

7.3.2.3 自动清洗模块

自动清洗模块功能包括两个自清洁部分。一部分是水池中水定时排空，此功能通过定时开启电磁水阀来实现。另一部分是光学窗口清洁，此功能通过电机带动光学窗口同平面的硅胶清洁刷来实现窗口清洁。

7.3.2.4 水质检测模块

水质检测模块在线监测水中浊度、余氯、pH值和温度指标。浊度也称浑浊度，它是指水的浑浊程度，是人的感官对水质最直接的评价。浊度可以用来反映水中的悬浮物，例如泥沙、黏土、藻类、有机物以及其他微生物有机体含量。

生活饮用水pH值应在6.5~8.5之间，小于7显酸性，大于7显碱性。然而，看上去同样都是无色无味的各种水的pH值其实是有很大差异的，对人体健康的影响也完全不同，因此在线式检测水质尤其重要。

余氯是水体中有效氯，管网末梢中余氯浓度应大于0.05mg/L。在线监测余氯浓度，对于水体中细菌控制具有重要意义。总氯复合电极由指示电极（铂片）、参比电极（晶体）、温度测试元件和电极外壳、插座等组成。总氯复合电极有固态传感器，不会破碎，液接界也不会堵塞。一般电位传感器的指示电极是直接对被测物敏感，而总氯电极的铂指示电极是利用总氯具有的氧化性，它能将碘化钾定量地氧化为碘，而铂指示电位随着碘浓度的变化而改变，间接地指示出氯浓度的变化。一般电位传感器的参比电极多用银/氯化银电极，而总氯电极的参比电极是用化合材料制成的晶体，在恒定的碘化钾浓度的溶液中，电极电位能保持恒定。由于温度对测量电位的影响较大，因此，必须对测得的电位进行温度校正，故在总氯电极上需加装温度敏感元件。

7.3.3 二次供水信息化管理系统

二次供水信息化管理系统的主要功能是实现对二次供水水质信息和二次供水

设备运行状态的实时监测，监测的数据包括浊度、余氯、pH 值、温度、总管进口压力、总管出口压力、水泵的电气参数等，并将 GIS 技术引入当前二次供水监管的工作中，可以通过 GIS 地图查看小区的平面图、管道图、地理位置等信息，还可以在 GIS 地图上直接查看小区的二次供水水质数据。

7.3.3.1 硬件架构思想

水质自动监测设备是以在线自动分析仪器为核心，运用现代自动监测技术、自动控制技术、计算机应用技术以及相关的专业技术和通信网络所组成的一个综合性的在线自动监测系统。系统完全实现水样的自动采集和预处理，水质传感器的连续自动运行，对监测数据能自动采集和存储，能提供远程传输接口及控制接口。

根据用户需求，结合水质在线监测的可实施性，从实用性、经济性、可靠性、易维护性出发。采用模块化设计原则，将监测设备分为电源模块、数据采集传输模块、浊度在线监测仪、pH 值和温度在线监测模块、总氯在线监测模块几个部分：

（1）电源模块：主要负责为水质在线监测设备提供能源支持。

（2）数据采集传输模块：负责整个监测设备的整体控制，包括电源监测管理，采集各水质在线监测模块测到的数据并发到服务器，接收服务器的指令并执行等。

（3）浊度在线监测仪：负责测量水的实时浊度，以表征被测水体的清洁程度，带有自动清洁功能，与数据通信模块之间采用 ModBus 总线连接。

（4）pH 值和温度在线监测模块：采用外购 pH 值、温度电极加自主研发变送器的模式实现该功能。可以实现对 pH 值和温度的实时在线监测，与数据通信模块之间采用 ModBus 总线连接。

（5）总氯在线监测模块：采用外购总氯电极加自主研发变送器的模式实现。可以实现对水体总氯的实时在线监测，与数据通信模块之间采用 ModBus 总线连接。

以上五个模块分别负担不同的任务，共同构成完整的多参数水质在线监测设备，实现从水质实时在线监测、数据采集与传输。

7.3.3.2 软件架构思想

系统采用 B/S 架构设计，根据系统的数据量选用中型的 SQL SERVER 作为系统的数据库，系统采用 JAVA 语言开发，稳定、可靠、速度快。B/S 结构采用星形拓扑结构建立企业内部通信网络或利用 Internet 虚拟专网（VPN）。前者的特点是安全、快捷、准确。后者则具有节省投资、跨地域广的优点。须视企业规模和地理分布确定。企业内部通过防火墙接入 Internet，在整个网络采用 TCP/IP 协议。不同于 B/S 结构，Browser/Server 是建立在广域网的基础上的。

B/S 结构建立在广域网之上，无需专门的网络硬件环境，有着更强的适应范围。一般只要有操作系统和浏览器就行，B/S 结构下的软件可以个别的更换软件的部分和模块，实现系统无缝升级系统维护开销减到最小用户从网上自己下载安装就可以实现升级。B/S 建立在浏览器上，有更加丰富和生动的表现方式，与用户交流难度减低，降低开发成本。

7.3.4 手机 App 软件在二次供水方面的应用

二次供水 App 软件是一款操作简单、方便实用的企业内部及时通信、企业数据实时查阅的平台软件。二次供水 App 软件分为两部分，移动端部分以及服务器部分。移动端部分负责满足各种各样的用户需求，提供良好的用户体验。服务器部分，负责管理用户，接受处理用户信息，提供各种各样服务。二次供水 App 软件用户可以即时沟通交流，方便、快捷地发送与接收消息，随时随地的对企业生产数据进行查看跟踪。

手机 app 可以实现的功能包括：

（1）实时数据查询。实时数据功能模块，用户可以在实时数据功能模块中查看小区的实时水质监测数据。根据权限的不同，用户所能查看到的数据内容会受到限制。通过点击的结构菜单，用户可以选择需要显示的数据报表。数据结构的内容由用户权限决定。

（2）历史趋势查询。用户通过点击数据表格中的数据可以查看该数据的历史趋势。用户可以点击趋势中的具体位置来查看该时间点的趋势、准确时间和数值。用户还可以通过下方的设置栏变更趋势的时间范围。

（3）组织机构查询。显示公司人员结构的功能模块，用户可以方便查询公司内部员工的联系方式以及所处职位，并能申请人员添加进入联系人列表。

（4）消息报警。消息功能模块接受系统推送的水质警报，当系统监测到水质异常后，会推送警报至用户手机 APP。

即时聊天功能中用户的好友列表，用户可以选择列表中的好友发起即时会话。列表中用户显示人员姓名以及在线状态。

（5）账号管理功能。用户模块提供一些基本的账号管理功能，包括用户资料的修改、用户登录密码的修改、应用版本的查询、应用二维码的分享等。

（6）地理信息查询。地理信息查询功能模块，对被监测小区的位置进行查询，精确定位监测小区的地理位置，并在地图上显示。

（7）维保信息查询。维保信息查询功能模块，可以查询小区的水箱清洗记录、楼宇和泵房的维护记录。

8 城乡一体化供水建设工程案例

8.1 上海市城乡一体化水源地建设案例

太浦河是太湖流域重要的供水水源地之一，承担着枯水年向下游黄浦江供水的重要任务。原黄浦江上游水源地为开放式、流动性、多功能水域，易受上游来水污染、本地污染排放和通航等因素的影响，原水水质不稳定且应对突发性水污染事故能力薄弱。因此针对上述情况，开展了黄浦江上游水源地原水工程建设，将上海西南五区的现有取水口归并为太浦河金泽水库和松浦大桥取水口，形成“一线、二点、三站”的黄浦江上游原水连通工程布局，实现正向和反向互联互通输水。城乡一体化水源地建设完成后，大大改善和稳定了区域供水原水水质，提高黄浦江上游地区应对突发水污染事故能力，保障供水安全。

8.1.1 黄浦江上游水源地存在的主要问题

8.1.1.1 水源地位于开敞式多功能河道水域，突发性污染事故风险大

黄浦江上游水源地主要位于黄浦江干流及上游的斜塘等开敞性水域，河道既是感潮河段，又是重要航道。对黄浦江上游水源威胁最大的是水域移动风险源，即船舶事故泄漏污染。近年，在黄浦江上游航道航行的船舶约 70 万艘 · 次/年，尽管有关部门加强了监管，事故预防和控制能力逐年提高，但突发性污染事件仍时而发生。在发生的船舶事故中，绝大部分突发性船舶事故都会造成水体污染，中小规模污染（泄漏量在 10t 以下）事件占 98%，大型或特大型污染（泄漏量在 10~200t 之间）事件占 2%，具有典型的“小概率、大影响”的污染特点。

8.1.1.2 上游来水污染影响明显，水源地水质总体不佳

黄浦江位于太湖流域下游，易受上游地区来水水质污染影响，黄浦江上游自太浦河—斜塘—黄浦江干流一线，水质沿程逐渐下降，总体评价为Ⅲ~Ⅳ类，部分河段的部分指标为Ⅴ类甚至劣于Ⅴ类。黄浦江干流段及斜塘承担了黄浦江上游金山区、闵行区、奉贤区以及松江区的供水，占黄浦江上游现状水量 80% 以上。尽管上海市河段立法对水源保护区实施了严格保护，但受上游来水污染影响，西南五区水源地尤其是松浦大桥水源地水质依然无法满足国家地表水环境质量标准Ⅲ类水体要求。黄浦江上游干流及多条支流受上游来水污染影响明显，严重影响

现有供水系统的供水水质安全，分散取水进一步增加了水质污染的风险。

8.1.1.3 原水系统各自独立，安全保障性不高

上海市市西南五区（青浦、金山、松江、闵行和奉贤）的取水口分散，分布于黄浦江上游干流及各主要支流沿岸，原水系统为枝状、分散、独立系统，一旦发生水污染突发事故，很难实施统一调度与互相支援。虽然闵奉支线原水工程将闵行、奉贤两区的取水口归并至松浦原水厂，但闵行区取水口距松浦原水厂距离较近，黄浦江松浦段出现水质污染风险时，将影响闵行区就地取水设施的水质安全。而且分散设置的取水口，也给有效保护带来相当大的难度。区域分散、独立供水，导致区域供水安全风险增加。

8.1.2 黄浦江上游水源地规划

为提高上海市供水安全保障能力，解决黄浦江上游水源地安全保障问题，上海市政府开展了黄浦江上游水源地建设。从 2006 年 9 月开始，上海市有关部门及研究所，针对黄浦江上游水源地及其原水工程存在的主要问题，启动相关规划研究，并于 2013 年 8 月完成《黄浦江上游水源地规划》的编制。

《黄浦江上游水源地规划》对太浦河金泽水库、长江与黄浦江上游水源地连通及东太湖引水三大工程规划方案进行了综合比选，最终确定太浦河金泽水库方案，即将青浦、松江、金山、奉贤和闵行等西南五区现有取水口归并为太浦河金泽水库和松浦大桥取水口，形成“一线、二点、三站”的黄浦江上游原水连通工程布局，并实现正向和反向互联互通输水，保障上海市供水安全。其中，“一线”指连通太浦河金泽水库至松浦大桥泵站的一条输水主干线；“二点”指太浦河金泽水库和松浦大桥的二个集中取水点；“三站”指青浦、松江和松浦大桥的三座原水提升泵站。

为尽快提高黄浦江上游水源安全保障程度，在主导规划方案框架下，规划将现状各区分散分布的原水工程集中归并整合，先期形成“小水库加原水连通管”工程布局，以“统筹兼顾、灵活调配”的原水供应模式应对突发水污染事故，并为后期工程提供基础条件。

2013 年 10 月上海市人民政府关于同意《黄浦江上游水源地规划》的批复中明确指出：上海的供水水源要坚持“两江并举、多源互补”的发展战略，围绕量足质优、安全可靠的规划目标，不断完善长江口青草沙、陈行、东风西沙和黄浦江上游四大水源地及原水系统总体布局，为上海经济社会的可持续发展提供保障。黄浦江上游水源地主要向青浦、松江、金山、奉贤和闵行等西南五区供应原水。提高黄浦江上游原水供应安全保障程度，需将西南五区现有取水口归并为太浦河金泽和松浦大桥取水口，形成“一线、二点、三站”的黄浦江上游原水连

通工程布局，实现正向和反向互联互通输水；在太浦河北岸金泽地区利用现有湖荡建设水库，加强水源地的集中保护，稳定水质。

结合目前水量情况，先行实施两项工程，即建设黄浦江上游单管连通工程，并在太浦河北岸金泽湖荡地区建设小型生态调蓄水库。根据黄浦江上游西南五区原水需水规模预测，并结合现状原水规模和“十二五”规划，预测近期原水需求为351万立方米/天。

8.1.3 黄浦江上游水源地建设效果

金泽水库及输水泵站等的建设，实现了西南五区原水的集中供应。工程的实施归并了西南五区取水口，实现了集约化供应原水的目标，满足了近期351万立方米/天的供水要求，供水保证率达到了97%。工程的实施提高了供水保证率，改善了原水水质，提高了应对突发水污染事故的能力，提高了水源水质保护的能力。

8.1.3.1 工程实施提升了原水水质

工程实施后通过水源地上移，向下游水厂供应的原水水质有明显改善，氨氮、总磷指标较松浦大桥取水口均改善了40%左右，其中氨氮指标提升至Ⅲ类。通过水库调蓄以及生态建设，出库原水水质达标率高于取水口引水，太浦河水源地供水水质主要有机污染指标，年达标率可达约80%。随着水源地保护工程的开展及太浦河后续工程的实施，供应原水水质可稳定在Ⅲ类，能够满足水功能区水质目标要求。

8.1.3.2 工程实施提高了应对突发水污染事故的能力

工程建成后，水库总库容910万立方米，具有一定的应急供水的能力。特枯水位下，具备不少于2天的应急供水保障库容。在多年平均运行水位情况下，可达到3天左右的应急供水能力。通过与松浦大桥取水口的联合调度，黄浦江上游水源地基本具备不少于3~4天的应急供水能力。在必要时，按照“两江并举、多源互补”上海水源地总体布局的要求，利用青草沙等其他水源地进行应急调度，保证西南五区供水安全。

8.2 上海市城乡一体化供水系统案例

奉贤区各镇区域内虽然水资源丰富，但大多数河道污染严重。在金泽水库建成前，可利用的供水水源仅在区域内黄浦江江段。此外，区内供水企业所属体制复杂，供水水平参差不齐，供水系统布局不统一，集约化、规模化水平不足，社会效益和经济效益不高等问题，都制约了奉贤区供水行业与全区社会经济的发展。

为解决奉贤区日益增长的供水需求和制水能力不足，日益提高的水质要求和各镇水源水质日益恶化的矛盾。自 2005 年开始，奉贤区开展城乡一体化集约供水建设。2005 年 7 月 12 日，原奉贤自来水公司划归上海市城投公司，组建成立了上海市自来水奉贤有限公司。“十一五”期间，上海市自来水奉贤有限公司扩大其供水范围，完成 17 家乡镇水厂及深井水的切换，形成较为完整的奉贤区区域供水体系，并重新布置输水管网系统，形成一网两片的分片供水和分压供水相结合的供水方式。总体而言，“十一五”期间，奉贤区城乡一体化集约供水建设实现了黄浦江上游的优质原水，替换原有的乡镇水厂出水和深井水，通过上海市自来水奉贤有限公司各水厂进行处理后输送到奉贤区的各个用户。

“十一五”期间，基于南桥和奉城地区发展较快，同时考虑到奉贤二水厂将成为奉贤东部地区的中心水厂，奉贤区通过扩建奉贤三水厂和异地新建奉贤二水厂，扩大了供水规模。2016 年，为配套南桥新城的建设，新建奉贤一水厂，并规划在 2020 年达到 10 万吨的日供水量。在 2007 年初步完成城乡一体化集约供水，完成 17 家乡镇水厂及深井水的切换。在原水系统方面，完成了 2010 年前将扩建位于黄浦江上游闵行江段的奉贤三水厂取水口及泵站，通过建设原水输水系统，实现向奉贤区水厂进行集约化的原水输送。

在清水系统方面，“十一五”期间，奉贤区的供水形成“一网三片”的供水分区格局。各供水区以中心水厂、环状输水主干网和水库泵站为基本要素进行规划布置：

（1）中西部供水区。中西部供水区以奉贤三水厂和奉贤三水厂二车间为中心供水水厂，将奉贤区中西部的奉贤新城，邬桥、庄行、西渡、金汇、齐贤、光明、泰日等社区，以及上海工业综合开发区 A 区、奉贤现代农业园区纳入其供水范围。

（2）东部供水区。东部供水区以奉贤二水厂为中心供水水厂，供水范围为奉城中心镇、头桥、四团、平安、邵厂、五四农场等，以及上海工业综合开发区 B 区、上海海港综合经济开发区、世纪森林公园。

（3）南部供水区。南部供水区域以星火水厂为中心供水水厂，将星火开发区、星火农场，新寺、胡桥、柘林、钱桥等集镇纳入其供水范围。

8.2.1 水量预测及供需水量平衡分析

“十一五”期间，为实现奉贤区城乡一体化集约供水，需切换原有的乡镇水厂及深井水。然而在该过程中，保证居民供需水量是开展一体化集约供水的前提条件，因此，需在前提开展水量预测及供需水量平衡分析，确定城乡一体化集约供水的供水格局。通过分类指标法和综合用水指标法分别计算奉贤区用水量，两种计算结果对比情况见表 8-1。

表 8-1 两种方法最高日需水量对比

预测方法	分类用水指标法 /万立方米·天$^{-1}$	综合用水指标法 /万立方米·天$^{-1}$	取值 /万立方米·天$^{-1}$
2010 年	46.18	44.96	46.18
2020 年	64.19	64.48	64.19

从表 8-1 中可以看出，两种预测结果相差不大。同时由于城市综合用水定额中工业用水是重要组成部分，鉴于奉贤区内供水对象较复杂，有新城、中心镇、集镇、中心村，综合用水指标法准确度较低。因此，在两者相差不大的情况下，以分类指标法为准。可以得到以下结论：2010 年奉贤区最高日需水量为 46.18 万立方米/天；2020 年最高日需水量为 64.19 万立方米/天。

根据上述需水量预测计算结果与现状用水量，奉贤区确定了 2010 年及 2020 年城乡一体化集约供水范围及各范围供水水量平衡情况。2010 年和 2020 年各水厂供水规模见表 8-2。

表 8-2 奉贤区规划水厂供水规模一览表

水厂名称	2010 年供水 /万立方米·天$^{-1}$	2020 年供水 /万立方米·天$^{-1}$	备　注
奉贤三水厂二车间	5	0	改成增压泵站
奉贤三水厂	30	30	
奉贤二水厂	10	10	
星火水厂	不纳入	10	
奉贤一水厂	未建	10	2016 年开工，2018 年建成并投入运行
合计	45	60	
需水量	42.94	64.19	

8.2.1.1 2010 年供水范围及区域平衡

2010 年奉贤区（除星火水厂）城乡一体化供水格局可以分成西部供水区和东部供水区，根据需水量计算结果和现状用水量，供水区域内各社区的需水量分配如下：

(1) 西部供水区：以奉贤三水厂和奉贤三水厂二车间为中心供水水厂，供水量为 35 万立方米/天，供水范围为南桥新城、庄行镇、金汇镇、光明社区、柘林镇、海湾旅游区，以及上海市工业综合开发区 A 区、奉贤现代农业园区、上海化工区奉贤分区。

（2）东部供水区：以奉贤二水厂为中心供水水厂，供水量为10万立方米/天，供水范围为奉城中心镇、四团镇、青村社区、钱桥社区、五四农场、燎原农场、星火农场，以及上海海港综合经济开发区、世纪森林公园等。

8.2.1.2　2020年供水范围及区域平衡

2020年之前，星火水厂纳入奉贤区城乡一体化供水范围，全区将形成一网三片的供水分区格局：

（1）西部供水区：以奉贤三水厂和奉贤一水厂为中心供水水厂，供水量为40万立方米/天，供水范围为南桥新城、庄行镇、金汇镇、柘林镇、光明社区，以及上海市工业综合开发区A区、现代农业园区、上海化工区奉贤分区等。

（2）东部供水区：以奉贤二水厂为中心供水水厂，供水量为10万立方米/天，供水范围为奉城中心镇、四团镇、青村社区、五四农场、燎原农场，以及上海海港综合经济开发区等。

（3）南部供水区：以星火水厂为中心供水水厂，供水量为10万立方米/天，供水范围为星火农场、钱桥社区、海湾旅游区、化工区泵站，以及星火开发区等。

8.2.2　城乡一体化供水系统改造概述

在以上海市自来水奉贤有限公司的供水能力不低于45万立方米/天（不含星火水厂的供水量）的前提下，开展并完成了“十一五”奉贤区城乡一体化供水系统工程建设。工程分成三大部分：原水工程、水处理厂工程、输配水系统工程。

根据《上海市奉贤区供水专业规划》，确定“十一五”期间原水工程的取水方案为：扩建位于黄浦江上游闵行江段的奉贤三水厂的取水头部及泵站，通过建设原水输水管系统向各个水厂输送原水；并在后期考虑原水输水系统进行扩建。“十一五”期间完成了原水管道的铺设工作。根据原水工程建设情况，2006年原水取水能力（西渡取水头部）为30万立方米/天，2007年扩建至65万立方米/天。

上海市自来水奉贤有限公司所属水处理厂工程的建设过程分成三个阶段：

（1）2006年完成了奉贤三水厂第二个10万立方米/天的扩建，制水能力达到20万立方米/天。奉贤二水厂异地新建，制水能力为10万立方米/天，奉贤三水厂二车间2005年制水能力为5万立方米/天，总制水能力35万立方米/天（但是由于原水取水能力的限制，总供水能力为30万立方米/天）。

（2）2007年对奉贤三水厂再次扩建，其制水能力达30万立方米/天，另有奉贤三水厂二车间的制水能力为5万立方米/天，奉贤二水厂的制水能力为10万立方米/天，总制水能力45万立方米/天。

（3）到2020年，奉三水厂的制水能力为30万立方米/天，奉贤二水厂的制水能力为10万立方米/天，新建奉贤一水厂的制水能力10万立方米/天，并保留现有星火水厂10万立方米/天的制水能力，总制水能力60万立方米/天。

输配水管网工程分步与原水工程和水处理厂工程相配套：

2006年上海市自来水奉贤有限公司制水能力为35万立方米/天，实际可供水量为30万立方米/天，根据奉贤区总体规划和区内道路建设等情况，完成了部分乡镇水厂的切换工作，局部形成集约化供水。2007年上海市自来水奉贤有限公司制水能力为45万立方米/天，切换所有乡镇水厂和深水井，整个奉贤形成一网两片的供水格局，全区基本形成集约化供水，如图8-1所示。随着城乡一体化进程的进一步推进，到2020年，上海市自来水奉贤有限公司制水能力达到60万立方米/天，整个奉贤区将形成一网三片的供水格局，如图8-2所示。

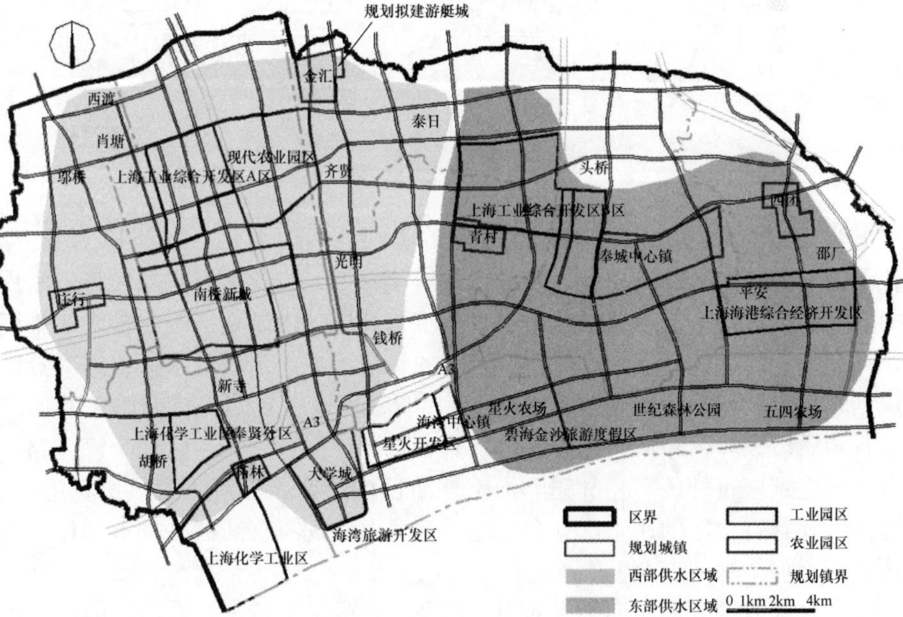

图8-1 “十一五”期间供水区域示意图

8.2.3 城乡一体化管网布置改造

根据供水区域的不同，奉贤区将管线布置分成东、西部两片区域。

8.2.3.1 西部管网布置

西部供水区域的供水水厂为奉三水厂和奉三水厂二车间，总供水能力为35

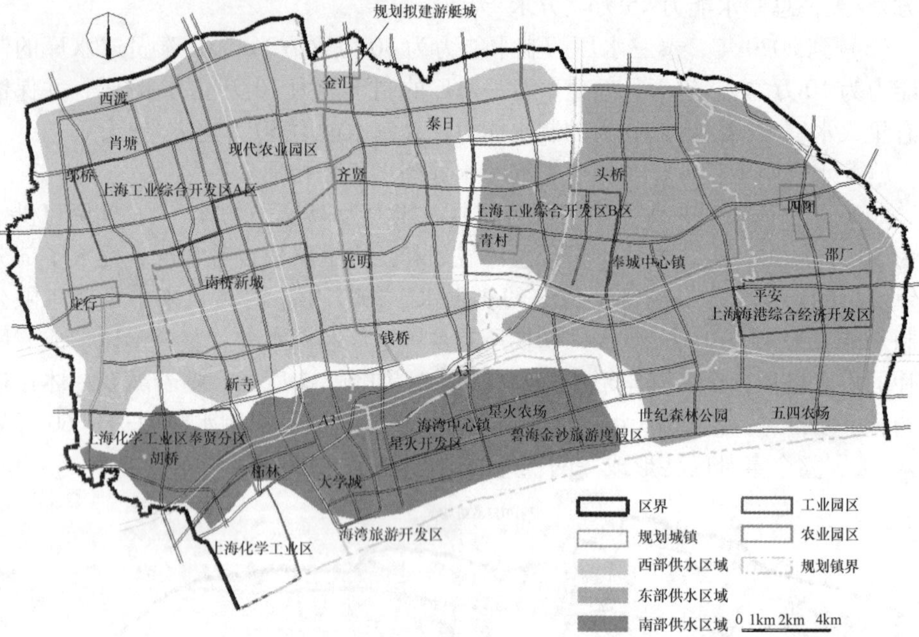

图 8-2　2020 年供水区域示意图

万立方米/天。2005 年，西部供水区现有的管网的输配水能力约为 15 万立方米/天，主要分布在南桥新城镇区。西部区域增建管网，主要是考虑如何将三水厂新增的 20 万立方米/天的水量输送出去。基于在老城区内新建、改建管线的难度较大，存在大量的动拆迁问题，故保持原有的管线不变。新增的水量根据奉贤区道路规划和建设情况，主要通过管径为 *DN*1400，埋设在规划沪杭公路上的出厂管送出，随后沿大叶公路向东西方向分开，一路到浦卫公路，一路到金海公路。前者主要输送到庄行社区、柘林镇和海湾旅游区的用水，后者主要供给金汇社区、齐贤社区和泰日社区的用水。其余管线，主要是在现有管线的基础上延伸、连接成环状，增加供水的安全性。

结合输水管网的水压和供水能力，以及用户的具体情况，有条件的可采用直接供水，否则宜通过泵站加压供水。

西部区域内可直接供水的范围定为：南桥新城（包括南桥、西渡、肖塘）；上海工业综合开发区 A 区、现代农业园、邬桥社区。

间接供水区域定为：庄行社区由已建的庄行水库泵站供水；光明社区由已建的光明水库泵站供水；钱桥社区由现有的钱桥二水厂改建成水库泵站供水；金汇社区和齐贤社区由新建的金齐泵站供水；泰日社区由现有的泰日水厂改建成水库泵站供水；柘林、胡桥、新寺社区和上海化学工业区奉贤分区（北区）由新建的胡桥水库泵站供水；海湾旅游区由已建成的海湾泵站供水。

8.2.3.2 东部管网布置

东部供水区域的供水水厂为异地新建的奉二水厂，供水能力为 10 万立方米/天。现有的输配水管网主要分布在老奉城水厂周围，供应老奉城中心镇和上海工业综合开发区 B 区（南区—奉城经济开发区）。管网布置时，将原 *DN*800 干管与新水厂出厂管相连，在新的奉城中心镇范围内连接部分原有管线，形成环状供水形式。在瓦洪公路以东，根据新川南奉公路和平庄公路的实施，沿途分别布置 *DN*800 和 *DN*600 的输水管线，供应四团、平安、邵厂社区和上海海港综合经济开发区。在新四平公路上布置 *DN*600 管线，连通这两条输水干管，以增加供水的安全性。为了切换五四、燎原、星火农场深水井，分别在新四平公路、新奉公路处留有梯口。为了后续能具备条件时能向头桥地区供水，在新川南奉公路新奉公路处留有 *DN*600 梯口，为了后续与星火水厂供水区域相连，同时在平庄公路、航塘公路处留有梯口。

东部区域的供水方式与西部相同，可直接供水的范围初定为：奉城中心镇（包括现有的奉城中心城区、塘外社区、洪庙社区）和上海工业综合开发区 B 区。间接供水区域初定为：青村社区由已建的青村水库泵站供水；四团社区由现有的四团水厂改建成四团增压泵站供水；平安、邵厂社区由拟新建的平安水库泵站供水。

为了提高东、西部两片供水区域供水的安全性，两区之间布置两条连接管。北面连接管从金钱公路处，沿大叶公路-杨高南路-新川南奉公路一直到奉城新水厂。沿途经过泰日社区、上海工业综合开发区 B 区和青村社区。南面连接管从金海公路开始，沿平庄公路向东到航塘公路。

8.2.3.3 水压、水质监测

上海市自来水奉贤有限公司从 2005 年 7 月起正式由区级自来水公司转制为市属自来水专业公司，为确保供水调度安全，供水水质安全，达到市属企业高标准的服务质量。结合奉贤城乡一体化供水工程管网系统建设，同步建设了供水系统的压力监测点、水质（余氯、浊度）采样点为主的管网信息化基础设施。

上海市中心城区的市北、市南、闵行、浦东四大区域性自来水公司分三阶段进行供水系统信息化建设：

第一阶段进行了信息基础设施建设，建立水质、水压等监测点、调度中心和水质监测中心；

第二阶段实现了调度、监测、管理等集约化信息共享；

第三阶段将建立信息化优化管理数学模型，以社会、经济效益最大化为目的，对整个供水系统进行数字化实时、动态的科学管理。经过数年努力，现中心

城区四大自来水公司已逐步进入第三阶段信息化建设阶段。

上海市自来水奉贤有限公司于“十一五”期间成立，原有基础设施相对薄弱，百废待兴。按照尊重现状、有计划分步骤、循序渐进的原则，上海市自来水奉贤有限公司也逐步推进了信息化基础设施建设，结合城乡一体化供水工程的实施在管网上布置最基本的信息基础设施、水质（余氯、浊度）采样点及水压监测点。

8.3 供水管网水质安全多级保障与漏损控制案例

“十一五”期间通过实施原水统筹、水厂归并、一网调度等方式，奉贤区实现了对水资源的高效配置，促进了城乡在供水系统规划建设、保障了城乡的居民用水需求。在“十二五”期间，保障并进一步提高居民供水水质成为奉贤区城乡一体化集约供水所面临的突出问题。

结合国家需求和上海市的地方需求，奉贤区在管道冲洗、漏损控制、原位修复和布局优化多个方面开展了研究，结合示范工程建设与运行，有力地支撑了上海市供水管网系统安全保障和用户端饮用水卫生安全保障工作，进一步完善了奉贤区城乡一体化集约供水的建设。

8.3.1 管道气水冲洗示范工程建设与运行

气水冲洗管道具有耗水量小，冲洗时间短，冲洗效果好的优点。其冲洗原理为：管道中通入气体后，形成气液两相流，以间歇流流型运行在管道中，产生较为明显的震动和水击现象，段塞流时现象最为明显，管路压力大幅度波动，使管内壁的生长环脱落。管道中所形成分散气泡流，其清洗管壁作用与滤池气、水反冲洗类似，管道内流动的分散气泡产生的振动增强与管壁的剪切力，将管内壁表面污物破碎、脱落达到冲洗效果。当气体脉冲加入管道后，造成管内流速、压力波动，管内气体的可压缩性加剧了波动，形成管内瞬变流，造成水锤。管内压力交替产生压缩和扩张，作用于管内流速，流速的变化又进一步影响管内的压力，压力-速度的相互耦合，加剧了波动，增加了流体对管壁的惯性切应力，从而使管道清洗更为彻底。

通过对示范工程运行后水质指标（浑浊度、余氯、菌落总数、总大肠杆菌）的检测，判断示范工程的运行效果。检测结果表明，气水冲洗管道的研究成果直接应用于浦星公路新排供水管道的冲洗，冲洗效果良好，保证了后续管网的安全运行（水质上能够得到保证）。该研究成果实现了利用较小流量进行大口径、大高程落差复杂（多根桥管和拖管）管网的冲洗，解决了先前困难条件下大口径源头管线、大口径连续大高程落差管线的冲洗提供了有效的解决方案。对整个供水行业水质保障意义重大。

在上海南汇自来水公司南六公路管道、上海青浦自来水公司老城区管道及上海临港大道供水管道开展了管道气水冲洗的推广应用，内容及结果如下所示：

（1）上海南汇自来水公司南六公路管道冲洗工程。

工程地点：南汇南六公路。

工程内容：冲洗管道为供水管道，设计高差 4m，管径为 *DN*1000mm，冲洗总长度为 5km，其中球墨管 4850m，钢管 150m；途中有桥管 5 座，最高标高 4m。

冲洗效果：有效清除管道内存在的软结垢及沉积物，改善该段管道的供水水质。

（2）上海青浦自来水公司老城区管道冲洗工程。

工程地点：青浦环城河以内的老城区。

工程内容：冲洗管道为主要供水管道，分别是一水厂至城北桥，管径为 *DN*700~*DN*500，长度约 1200m，桥管 1 座，最高标高约 4m；一水厂至吊桥，管径为 *DN*700~*DN*300，长度约 1400m 其中有拖拉管 1 座，敷设深度约 10m。冲洗管段最大落差达 14m。

冲洗效果：有效的缓解青浦老城区普遍存在的水质浑浊、发黄现象。

（3）上海临港大道供水管道冲洗工程。

工程地点：临港大道。

工程内容：冲洗管道为供水管道，长度为 2.5km，其中管径 *DN*1400 长度为 1km，管径 *DN*1200 长度为 1.5km。全线有一座顶管，顶管深度为-11.5m，管道倾斜角度很大，达 65°左右。

冲洗效果：本工程为新排管道工程性冲洗，冲洗后的水质达标后可以并网供水。

8.3.2　供水管网产销差控制示范工程建设与运行

基于水平衡的供水管网产销差控制示范工程位于上海市奉贤区金汇镇。金汇镇位于上海市奉贤区中北部，下设金汇、齐贤、泰日三个社区，行政区域面积 72.83km^2。金汇社区示范点所辖供水面积约 25.5km^2。奉贤区金汇社区的供水区域属于典型的城乡统筹地区，具有较多的天然独立封闭区域。适合利用水平衡测试的方法进行管网产销差控制。公司在供水管网的分岔口逐级安装水表，形成阶梯式分级计量。水平衡表统计装表情况见表 8-3。

表 8-3　水平衡表统计

水平衡测试表级数	水平衡测试表个数
馈水表	2
一级表	10
二级表	24

续表 8-3

水平衡测试表级数	水平衡测试表个数
三级表	61
四级表	65
五级表	44
合 计	206

8.3.2.1 GIS 水平衡测试模块

在形成阶梯式分级计量的条件下，利用 GIS 系统平台，开发水平衡测试模块，通过用户账号与 GIS 中水表进行勾连，能自动实现水平衡表之间的运算及比对，若有异常情况出现自动提出预警。有效地提高日常的工作效率。

在资金和条件允许下，所有区域内的水平衡表改用远传水表，每天定时把数据远传到数据中心，有利于采集数据快速准确，能快速生成用水统计分析，与传统的人工抄表记录相比，极大地提高了效率。同时通过数据积累，可以生成该表的用水规律，如果某一天或某一时刻，数据骤升，可以发出报警信息，供抄表人员分析，是否有漏水或爆管现象。远传架构如图 8-3 所示。

馈水表可以采用 GSM 大口径水表。抄收周期：终端每 15min 结算保存一次用水增量（15min 的用水量），每天定时上传前一天的历史数据和当前数据，历史数据包括前一天 96 个冻结点数据和截止到 23:59 分的用水总量。(自由设定实时监控时段，在实时监控时段内可以与水表进行实时通信，抄取实时数据和冻结数据。）通信方式：终端默认 GSM 功能，可进行短信通信，通过 GSM/GPRS 大水表监测管理系统可设置 GPRS 的相关参数，GPRS 使能后终端将优先选择 GPRS 进行上传数据。

居民用户水表采用无线远传智能水表。抄收周期：每天共分 12 个工作时段，每个工作时段又分 8 个区间，每个区间 15min，可根据实际情况设置区间时间自动上传数据，每天 23:59 分自动生成日冻结数据，每月 20 号生成月冻结数据(上传数据时间可自行设置)。通信方式：系统有两部分组成，管理系统（管理端）和数据采集服务（抄表端）组成；抄表端由集中器和采集器组成。

采用远传水表→采集器→集中器的两级方式通信；无线远传水表采用无线射频技术，集成了微功率多通道的嵌入式无线模块，实现数据的无线传输；采集器上行通道采用微功率无线方式与集中器实现数据传输；下行通道可选用微功率无线方式对其管辖的计量表进行数据采集和存储；集中器上行通道采用 GPRS 无线方式与管理中心实现远程通信（采集器和集中器内置微功率多通道无线数传模块）。

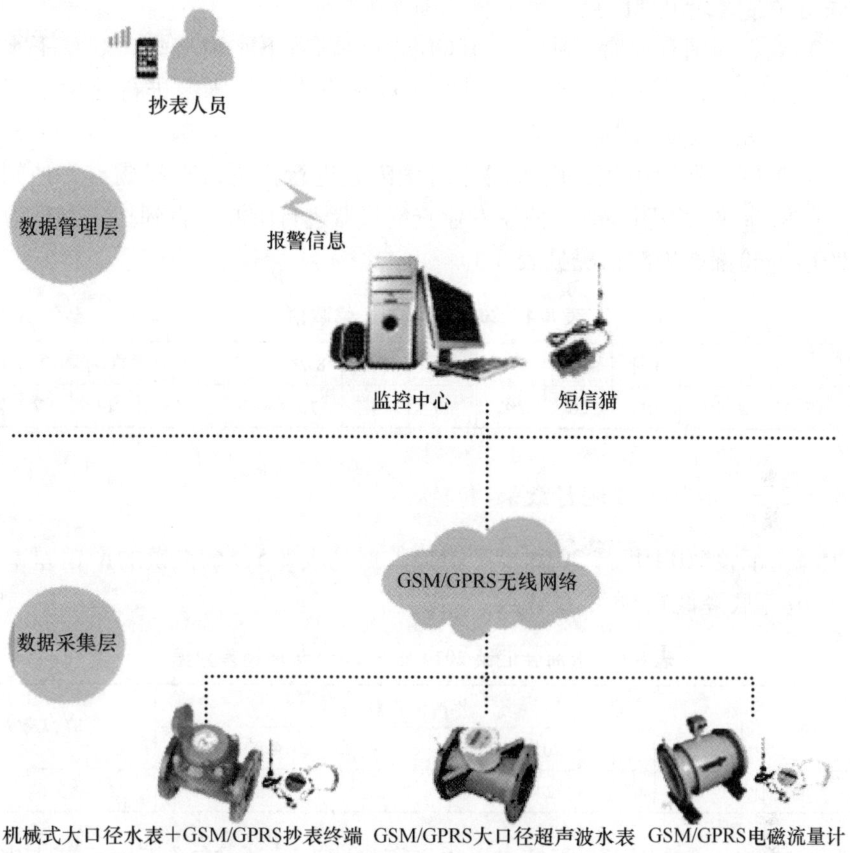

图 8-3 远传架构图

8.3.2.2 检漏、修漏

上海市金汇办事处每天派表务组组长抄见两个馈水总表，每周由各区域承包人于周一和周四抄所辖包干区域内的所有水平衡表。金汇办事处每周至少有两个抄表周期掌握整个地区的水量，如有情况会增加抄表次数。每半年汇总一次上报至奉西供水管理所。若奉西供水管理所发现水量有问题会将问题下发至奉西所管网科，管网科第一时间将问题反馈至金汇办事处，由其通知表务组组长进行及时查漏。根据不同地区水平衡测试表，区域承包人会迅速查明漏水地点并完成抢修，及时制止水量漏失。

检漏修漏方法：

（1）发现某段水平衡表水量存在异常，区域承包人到现场首先查看地面有没有渗水，是否有可以直接发现的明漏。

（2）未能直接发现的，用听漏棒窃听区域内阀门或关闭区域内的阀门，观察到底是哪路管线出现漏点，逐渐将范围缩小。

(3) 查看周围有没有下水道，有的漏点会顺着下水道流失，观察下水道水流方向、大小、清澈程度，必要的时候可以把下水道的水源进行化验是否自来水，可以把漏点范围缩小。

(4) 范围缩到最小化，用听漏棒对该区域进行窃听，查找漏点，遇到水泥路面，听漏棒效果不明显时，使用专业查漏仪器进行听漏，直到找出漏点为止。

2014 年检漏、修漏情况见表 8-4。

表 8-4　2014 年检漏、修漏情况

日期	1 月	2 月	3 月	4 月	5 月	6 月	7 月	8 月	9 月	10 月	11 月	12 月	总计
数量/个	12	10	9	26	9	19	4	10	10	13	13	7	142

8.3.2.3　示范工程运行效果

上海金汇镇 2014 年与 2010 年产销差数据见表 8-5，金汇镇的产销差率 2014 年比 2010 年底降低 6.68 个百分点。

表 8-5　上海金汇镇 2014 年与 2010 年产销差数据

项　　目	年产销差率/%		降幅/%
	2010 年	2014 年	
百分比	24.56	17.88	6.68

研究成果直接应用于金汇镇，以水平衡测试为原理，在金汇镇示范点安装各级水平衡表，有效提高了管道漏损检测效率，发现原本易忽略的漏损。使金汇镇供水产销差比“十一五”末期降低 6.68%，减少了漏损量，节约水资源，提高了公司效益。

8.3.3　供水管网非开挖原位修复示范工程建设与运行

供水管网非开挖原位修复示范工程是对奉金路上的 *DN*150、*DN*200 给水管道进行内清洗并喷涂防腐涂料施工。工程时间约 65 个工作日（实际施工天数约 90d）。

奉金路上的给水管道属于沿路供水总管道，由于此管道主要供应道路两边工厂企业用水，因此全工程作业对周边用水影响有限，不会给周边用水单位造成用水不便（通断水可以晚上进行）。

全工程按照管道口径分段进行开挖作业基坑和清洗作业。基坑开挖面积 300mm 口径管道每个 1.5m×2.5m，200mm 口径管道每个 1.5m×2m，150mm 口径管道每个 1.5m×2m，按需临时关闭相关阀门。全程施工共分段安装铺设临时管道约 3200m。

8.3.3.1 非开挖原位修复施工方案

按照给水管网进水走向，自西向东进行施工。

A 施工准备工作

a 技术准备

清洗工程施工前，组织作业小组学习管道走向图纸；现场各个管道走向位置；熟悉现场路面构造、细部阀门节点要求；了解技术质量要求和施工工艺规定；进行操作技术交底；未经交底不得进行施工操作。

b 材料准备

所有清洗材料、机械必须经过检查筛选，按各工作部位安放。

c 机具准备

工程施工需要的主要机具需用量计划见表8-6。

表8-6 机具设备仪表清单

序号	设备名称	型 号	单位	数量	备 注
1	施工用内燃空压机	$18m^3/min$	台	1	
2	施工用内燃空压机	$6.5m^3/min$	台	2	
3	清洗用储气罐	$9m^3$	台	1	
4	清洗用储气罐	$6m^3$	台	1	
5	管道清洗器械	300mm	套	2	
6	卷扬机	15kW	套	2	
7	管道内清洗器	200mm	套	1	
8	管道内清洗器	150mm	套	1	
9	管道内清洗器	100mm	套	1	
10	管道内热烘干机	200mm	台	1	
11	管道离心喷涂机	300mm	套	1	
12	管道离心喷涂机	150~200mm	套	1	
13	清洗用管道	100~200mm	米		按照现场需求
14	工程用发电机	20kW	台	1	
15	清洗污物收集器		套	1	
16	施工工程车辆	5吨	辆	1	
17	临时用水管道	100mm	米		按照现场需求
18	其他机械				按照现场需求调配

d　施工机械安放

施工主要机器设备安放在慢车道道旁指定位置，其他施工器械安放在甲方指定场所，按施工要求使用。

e　施工条件准备

（1）施工现场是沿街交通要道，因此施工环境受到限制。施工时间为上午8:00至下午5:00，尽量不影响车辆和行人通行，断水和连通时间定于晚上9:00以后。

（2）每日清洗工程结束必须进行路面清扫、安置围栏、施工各清洗管道必须移除、安放在指定位置。

（3）管道清洗专用空压机和施工机械安放在指定位置。

B　给水管道施工方法

（1）开挖工作井（按管道口径要求），关闭管道各阀门，断开各阀门接口，断开管网，按照要求接通各临时管道、临时排水、排污管道，排干管道剩水，使用管道内窥镜（CCTV）检查并录像。

（2）连接管道清洗设备，按照作业要求进行施工。

（3）清洗：按计划接通各管道接口，接入清洗器械进行管道清洗，通气干燥，检查清洗质量（使用CCTV检查并录像）。

（4）烘干：接入烘干机，对管道进行烘干作业。

（5）内涂敷：使用管道离心喷涂机进行内涂敷操作。

（6）固化：通入热空气固化涂料。

（7）恢复管道：检查管道内壁涂敷层（使用管道内窥镜（CCTV）检查并录像），连接各段管道接口，通水检测水质合格后恢复供水。

8.3.3.2　示范工程运行效果

通过CCTV检测，对示范工程的运行效果进行评估。本次检测范围为南桥环城东路，奉金路给水管道，包括45个工作井，给水管道全程为铸铁给水管道。分段进行检测，图8-4所示为其中一段铸管给水管的修复情况。

南桥环城东路奉金路给水管道通过CCTV检测，经过管道内清洗及内涂覆已完全去除管内结垢，恢复原管道通水内径，符合原管道设计和通水要求。

奉贤区将供水管道原位修复的研究成果直接应用于奉金路ϕ150～300mm供水管道的非开挖修复，修复效果良好，保证了该管段的水质安全。该非开完原位修复技术实现了在不开挖或少开挖地表条件下，跨过重要交通干线、重要建筑物，对地下管道进行修复。该技术具有施工场地小、施工简单、造价较低等优点。

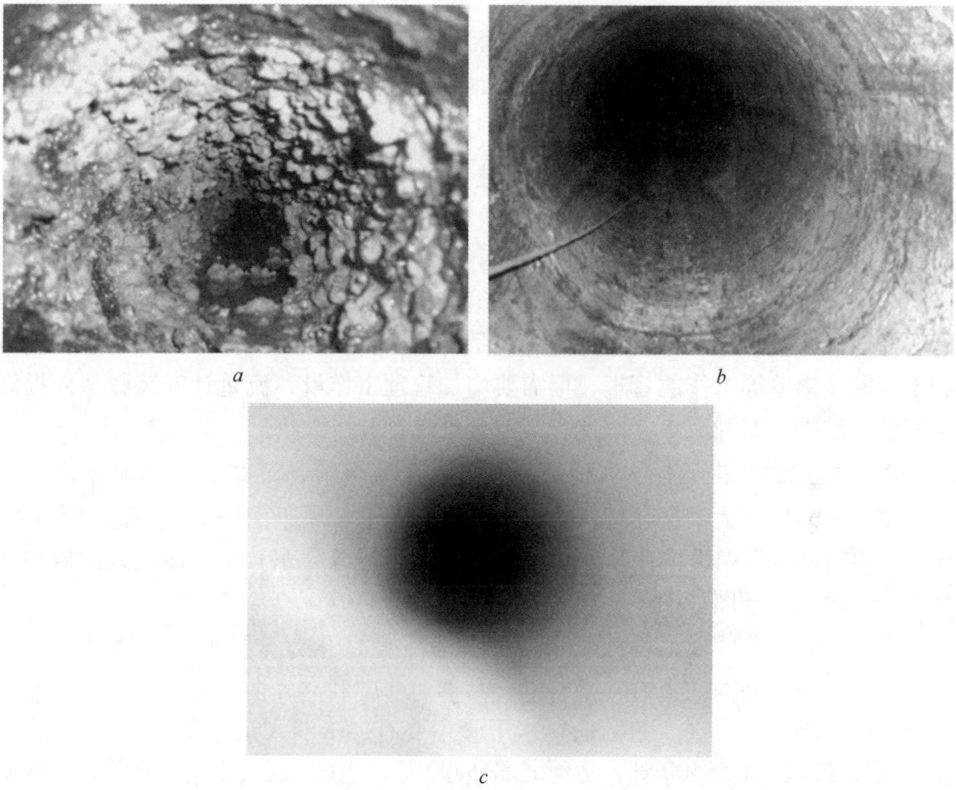

图 8-4　非开挖原位修复结果

a—铸铁管道未清洗前，管内严重结垢；*b*—管道清洗后，管内结垢完全去除；
c—管道涂覆后，管内涂覆层完好

8.3.4　供水系统优化布局示范工程建设与运行

给水管网规划及设计原则是使管道尽可能的连接成环，增加供水可靠性。但是管线连接复杂，会造成对供水水压、水质控制不便，管网管理、维护困难等问题。

上海市奉贤区以南桥东大型居住社区为典型示范，在区域供水管网规划及设计前期引入了区块化技术理念，避免在现状管网中实施分区造成的不利影响。通过引入先进理念指导设计工作，从技术和管理上提升给水管网规划与设计，在理念创新方面做出有益尝试，提高了供水企业的管理和运营水平。

选取的典型研究区域与《南桥新城供水系统专业规划》中南桥东大型居住社区供水系统规划一致：东至浦星公路，西至金汇港，南至绕城高速公路（G1501），北至大叶公路，总用地面积 12.62km^2。

8.3.4.1 管网分区原则

A 划分合理分区大小，确定分区阶层数

区块分区的大小以用户数的多少来表示。城市中典型分区计量区域的大小在500~3000户之间。非居民用水集中区域一般小于500户，而居民密集区域和乡村地区一般大于3000户。如果一个区块较大，将难以区别最小流量数据，判断小管道的破裂情况及破裂点。

分区系统中，供水系统由若干单元组成，应分为若干阶层系统。分区阶层数的选择对分区供水大小，流量计的安装量有较大影响。分区供水区域越小，越有利于管网产销差等工作的管理，但需要增加管理工作量、流量计安装数从而提高了安装、维护、管理成本。因此，需要合理选择分区大小。

B 结合南桥东大型居住社区规划供水系统布局，遵循管网流向分区

奉贤区南桥东大型居住社区位于南桥新城东部，属于南桥新城一部分。大型居住区将由新水厂自北向南供水。主要供水干线可分为东、中、西三线。居住社区主干管流向示意图如图8-5所示。

C 利用供水区域内的天然屏障、输水干管，作为分区的主要边界

该区域内东西向河道有：南行港、沿港河、胜利港、白沙港、太保港、浦南运河、陆港塘和马行港。东西向输水干管主要有：奉浦大道ϕ500管，团南公路ϕ500管，红星一路ϕ500管，运河北路ϕ500管，川南奉金公路ϕ500管，环城南路ϕ500管。

D 保证供水安全，确定分区进水接入点

区域进水接入点的数目与区域内水压控制、流量测量以及事故时解决措施有关。在保证供水安全可靠的情况下，尽量减少进水接入点的数目。区域内较少的进水接入点，有利于确定进水管的位置，确定水压控制点；相反，多点进入时难于确定水压控制点和测压点。而事故时，多点进水则相对容易保证供水安全可靠。

E 根据实际情况，特殊用户采用干管直接连接

实际情况中，在严格分区阶层供水的条件下，一些用户只能一路供水，很难实现双向供水满足消防要求。因此，对该用户的另一路供水，需要特殊考虑。

F 近远期相结合，考虑分步实施

由于项目的实施周期较长，因此，需要根据实际情况，结合近远期情况考虑分步实施。

8.3.4.2 区块化调整方案

根据以上分区方法和原则，设计南桥东大型居住社区供水系统规划区块化调整方案。

图 8-5 南桥东大型居住社区供水干管流向示意图

该区域的区块化调整方案采用二级分区，各分区阶层中的管线成为一级管线和二级管线。一级管线由 *DN*500~600 管道组成，主要用于输水，与区域干管连接。二级管线由 *DN*200~300 管道组成，主要用于配水，与一级管线连接。

一级管线总长 17.3km，其中，*DN*600 管道长 2.6km，*DN*500 管道长 14.7km。二级管线总长 63.8km，其中 *DN*200 管道长 10.2km，*DN*300 管道长 53.6km。

结合区域河道和输水干管，管网一级分区由北向南可分为 4 个供水区域，分别标识为 A、B、C、D 区。其中，A 区由大叶公路至奉浦大道；B 区由奉浦大道至团南公路；C 区团南公路至浦南运河；D 区由浦南运河至绕城高速公路。

根据一级分区内河道及一级管线的布置情况，进行二级分区。一级分区 A 区以光明路为界由西向东分为 A1、A2 两个二级分区；一级分区 B 区以光明路为界由西向东分为 B1、B2 两个二级分区；一级分区 C 区以白沙港、太保港为界，由北向南分为 C1、C2、C3 三个二级分区；一级分区 D 区以川南奉金公路、陆港塘为界分为 D1、D2、D3 三个二级分区。各区块示意图，如图 8-6 所示。

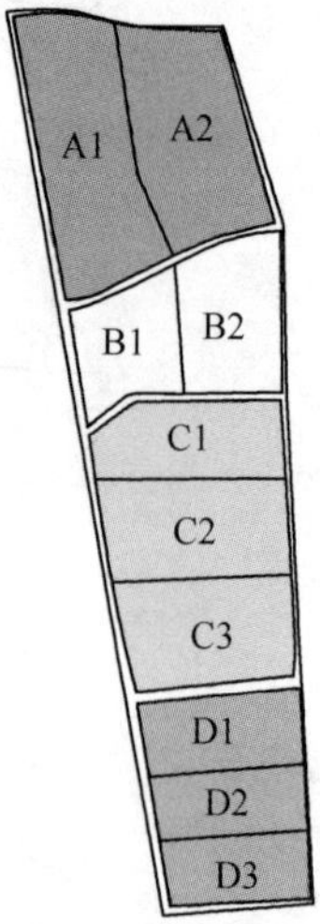

图 8-6 南桥东大型居住社区供水区块示意图

8.3.4.3 区块接入点位置及方式

A 流量监测仪器的选择

据《城市供水行业 2010 年技术进步发展规划及 2020 年远景目标》中的统计，国内有代表性的 46 家供水企业主要在用流量计共计 1900 台（不含水表），其中电磁流量计占近 62%。电磁流量计产品进口的使用量较少，不足 10%，主要来自国内厂家。其技术上比较成熟，与国外发展处于同等水平。质量上也比较可靠，故障率极低（基本上不用维修），且售后服务较好。省会城市用量所占比例较高，超过 72%，地级市供水企业用量较少，为 14%左右。超声波流量计目前在国内供水企业的占有率为 25%，其中进口产品占一半。流量计的发展与应用趋势将以电磁流量计为主，超声波流量计的应用也将逐步扩展。

一般来说，口径在 *DN*300 以下（含 *DN*300），枝状管道或进水方向不变的供水管道，也可采用水表进行计量，价格较便宜，但精度相对较低。

在精度上电磁流量计略高于超声波流量计。而从经济性方面来看，电磁流量计的价格随着口径的增大而增加，而超声波流量计相对价格虽然较高，但价格基本稳定，不随口径的增大而增加，见表 8-7。

表 8-7 两种流量计价格比较

口 径	价格/元	
	电磁流量计	超声波流量计
*DN*300	13000~30000	55000~80000
*DN*500	36000~80000	55000~80000
*DN*800	56000~120000	55000~80000

一级管线进水接入点采用安装双向电磁流量计，考虑双向计量；二级管线进水接入点采用安装水表和止回阀，采用单向计量。

B 接入点位置

考虑管段事故因素，对一级管线采用三个进水点接入；为保证用户供水压力以及消防双向供水的要求，二级管线采用三到五个进水点接入。一级管线进水接入点安装电磁流量计；二级管线进水接入点安装水表和止回阀。

区块流量计安装量统计，见表 8-8。需要安装 *DN*600 电磁流量计 2 只，*DN*500 电磁流量计 10 只，*DN*300 水表 31 只，*DN*200 水表 6 只。

表 8-8 区块流量安装量计统计 （个）

区块		*DN*600 电磁流量计	*DN*500 电磁流量计	*DN*300 水表	*DN*200 水表
A	A1	2	1	5	0
	A2			2	2
B	B1	0	3	3	
	B2			3	
C	C1	0	3	2	1
	C2			3	1
	C3			4	0
D	D1	0	3	4	0
	D2			3	1
	D3			2	1
合 计		2	10	31	6

C 接入方式

接入点需设置旁通管，防止在养护维修时供水中断，其中，水表安装需设置止回阀，以便二级区域水流控制。阀门、弯管对流量计的精度有一定影响，表前直管段需大于 10*D*，表后大于 5*D*。

8.3.4.4 优势与不足

通过建立供水管网模型，对南桥东大型居住社区供水系统规划区块化的调整方案进行评估。评估结果显示，南桥东大型居住社区供水区块化调整后，能够保障该区域水量、水质、水压安全。

A 区块化调整的优越性

区块化使供水区界清晰，有利于明确供水企业内部权责利关系，提高企业各部门及员工生产积极性。区块化使管网压力易于控制，从而减少供水管网事故，有利于管网管理与维护。水流流经路线简化，水力停留时间减少，水龄减小，水质有所提高。有利于简化供水系统，可通过科学方法，实现供水的技术优化和管理优化。有助于实现供水科学管理，减少漏损率、产销差，提高企业经济效益和社会效益。发生应急事故时，可有效预测和控制事故、灾害的影响，及时响应并修复。

B 规划、设计初期进行区块化设计的优点

使规划、设计初期具有前瞻性，避免重复建设，降低建设成本。在现有管道中安装流量计、水表需要进行管线断管，识别供水安全存在安全隐患，在规划、设计初期实施可以规避风险。避免道路、管线重复开挖，提高社会效益。

C 供水区块化存在的不足

由于减少区块接入点，对消防、管段及接入点事故时供水安全性风险提高。减少了区块内外管道连通性，使进入区块的水头损失增大。部分管段形成枝状管线，存在水力停留时间增长，水质恶化的可能性。

综合以上分析，可以采用给水管网建模，通过水力、水质模拟，对供水系统区块化可能存在问题进行预判，采取有效措施，趋利避害，从而提高供水安全性，实现供水科学管理，提高供水企业管理手段与服务水平，以便更好地服务于生产和生活。

各省、自治区、直辖市人民政府，国务院各部委、各直属机构：

现将《水污染防治行动计划》印发给你们，请认真贯彻执行。

国务院

2015 年 4 月 2 日

（此件公开发布）

水污染防治行动计划

水环境保护事关人民群众切身利益，事关全面建成小康社会，事关实现中华民族伟大复兴中国梦。当前，我国一些地区水环境质量差、水生态受损重、环境隐患多等问题十分突出，影响和损害群众健康，不利于经济社会持续发展。为切实加大水污染防治力度，保障国家水安全，制定本行动计划。

总体要求：全面贯彻党的十八大和十八届二中、三中、四中全会精神，大力推进生态文明建设，以改善水环境质量为核心，按照“节水优先、空间均衡、系统治理、两手发力”原则，贯彻“安全、清洁、健康”方针，强化源头控制，水陆统筹、河海兼顾，对江河湖海实施分流域、分区域、分阶段科学治理，系统推进水污染防治、水生态保护和水资源管理。坚持政府市场协同，注重改革创新；坚持全面依法推进，实行最严格环保制度；坚持落实各方责任，严格考核问责；坚持全民参与，推动节水洁水人人有责，形成“政府统领、企业施治、市场驱动、公众参与”的水污染防治新机制，实现环境效益、经济效益与社会效益多赢，为建设“蓝天常在、青山常在、绿水常在”的美丽中国而奋斗。

工作目标：到 2020 年，全国水环境质量得到阶段性改善，污染严重水体较大幅度减少，饮用水安全保障水平持续提升，地下水超采得到严格控制，地下水污染加剧趋势得到初步遏制，近岸海域环境质量稳中趋好，京津冀、长三角、珠三角等区域水生态环境状况有所好转。到 2030 年，力争全国水环境质量总体改善，水生态系统功能初步恢复。到 21 世纪中叶，生态环境质量全面改善，生态系统实现良性循环。

主要指标：到 2020 年，长江、黄河、珠江、松花江、淮河、海河、辽河等七大重点流域水质优良（达到或优于Ⅲ类）比例总体达到 70%以上，地级及以上城市建成区黑臭水体均控制在 10%以内，地级及以上城市集中式饮用水水源水质达到或优于Ⅲ类比例总体高于 93%，全国地下水质量极差的比例控制在 15%左右，近岸海域水质优良（一、二类）比例达到 70%左右。京津冀区域丧失使用功能（劣于Ⅴ类）的水体断面比例下降 15 个百分点左右，长三角、珠三角区域力争消除丧失使用功能的水体。

到2030年，全国七大重点流域水质优良比例总体达到75%以上，城市建成区黑臭水体总体得到消除，城市集中式饮用水水源水质达到或优于Ⅲ类比例总体为95%左右。

一、全面控制污染物排放

（一）狠抓工业污染防治。取缔“十小”企业。全面排查装备水平低、环保设施差的小型工业企业。2016年底前，按照水污染防治法律法规要求，全部取缔不符合国家产业政策的小型造纸、制革、印染、染料、炼焦、炼硫、炼砷、炼油、电镀、农药等严重污染水环境的生产项目。（环境保护部牵头，工业和信息化部、国土资源部、能源局等参与，地方各级人民政府负责落实。以下均需地方各级人民政府落实，不再列出）

专项整治十大重点行业。制定造纸、焦化、氮肥、有色金属、印染、农副食品加工、原料药制造、制革、农药、电镀等行业专项治理方案，实施清洁化改造。新建、改建、扩建上述行业建设项目实行主要污染物排放等量或减量置换。2017年底前，造纸行业力争完成纸浆无元素氯漂白改造或采取其他低污染制浆技术，钢铁企业焦炉完成干熄焦技术改造，氮肥行业尿素生产完成工艺冷凝液水解解析技术改造，印染行业实施低排水染整工艺改造，制药（抗生素、维生素）行业实施绿色酶法生产技术改造，制革行业实施铬减量化和封闭循环利用技术改造。（环境保护部牵头，工业和信息化部等参与）

集中治理工业集聚区水污染。强化经济技术开发区、高新技术产业开发区、出口加工区等工业集聚区污染治理。集聚区内工业废水必须经预处理达到集中处理要求，方可进入污水集中处理设施。新建、升级工业集聚区应同步规划、建设污水、垃圾集中处理等污染治理设施。2017年底前，工业集聚区应按规定建成污水集中处理设施，并安装自动在线监控装置，京津冀、长三角、珠三角等区域提前一年完成；逾期未完成的，一律暂停审批和核准其增加水污染物排放的建设项目，并依照有关规定撤销其园区资格。（环境保护部牵头，科技部、工业和信息化部、商务部等参与）

（二）强化城镇生活污染治理。加快城镇污水处理设施建设与改造。现有城镇污水处理设施，要因地制宜进行改造，2020年底前达到相应排放标准或再生利用要求。敏感区域（重点湖泊、重点水库、近岸海域汇水区域）城镇污水处理设施应于2017年底前全面达到一级A排放标准。建成区水体水质达不到地表水Ⅳ类标准的城市，新建城镇污水处理设施要执行一级A排放标准。按照国家新型城镇化规划要求，到2020年，全国所有县城和重点镇具备污水收集处理能力，县城、城市污水处理率分别达到85%、95%左右。京津冀、长三角、珠三角等区

域提前一年完成。（住房城乡建设部牵头，发展改革委、环境保护部等参与）

全面加强配套管网建设。强化城中村、老旧城区和城乡接合部污水截流、收集。现有合流制排水系统应加快实施雨污分流改造，难以改造的，应采取截流、调蓄和治理等措施。新建污水处理设施的配套管网应同步设计、同步建设、同步投运。除干旱地区外，城镇新区建设均实行雨污分流，有条件的地区要推进初期雨水收集、处理和资源化利用。到 2017 年，直辖市、省会城市、计划单列市建成区污水基本实现全收集、全处理，其他地级城市建成区于 2020 年底前基本实现。（住房城乡建设部牵头，发展改革委、环境保护部等参与）

推进污泥处理处置。污水处理设施产生的污泥应进行稳定化、无害化和资源化处理处置，禁止处理处置不达标的污泥进入耕地。非法污泥堆放点一律予以取缔。现有污泥处理处置设施应于 2017 年底前基本完成达标改造，地级及以上城市污泥无害化处理处置率应于 2020 年底前达到 90%以上。（住房城乡建设部牵头，发展改革委、工业和信息化部、环境保护部、农业部等参与）

（三）推进农业农村污染防治。防治畜禽养殖污染。科学划定畜禽养殖禁养区，2017 年底前，依法关闭或搬迁禁养区内的畜禽养殖场（小区）和养殖专业户，京津冀、长三角、珠三角等区域提前一年完成。现有规模化畜禽养殖场（小区）要根据污染防治需要，配套建设粪便污水贮存、处理、利用设施。散养密集区要实行畜禽粪便污水分户收集、集中处理利用。自 2016 年起，新建、改建、扩建规模化畜禽养殖场（小区）要实施雨污分流、粪便污水资源化利用。（农业部牵头，环境保护部参与）

控制农业面源污染。制定实施全国农业面源污染综合防治方案。推广低毒、低残留农药使用补助试点经验，开展农作物病虫害绿色防控和统防统治。实行测土配方施肥，推广精准施肥技术和机具。完善高标准农田建设、土地开发整理等标准规范，明确环保要求，新建高标准农田要达到相关环保要求。敏感区域和大中型灌区，要利用现有沟、塘、窖等，配置水生植物群落、格栅和透水坝，建设生态沟渠、污水净化塘、地表径流集蓄池等设施，净化农田排水及地表径流。到 2020 年，测土配方施肥技术推广覆盖率达到 90%以上，化肥利用率提高到 40%以上，农作物病虫害统防统治覆盖率达到 40%以上；京津冀、长三角、珠三角等区域提前一年完成。（农业部牵头，发展改革委、工业和信息化部、国土资源部、环境保护部、水利部、质检总局等参与）

调整种植业结构与布局。在缺水地区试行退地减水。地下水易受污染地区要优先种植需肥需药量低、环境效益突出的农作物。地表水过度开发和地下水超采问题较严重，且农业用水比重较大的甘肃、新疆（含新疆生产建设兵团）、河北、山东、河南等五省（区），要适当减少用水量较大的农作物种植面积，改种耐旱作物和经济林；2018 年底前，对 3300 万亩灌溉面积实施综合治理，退减水

量37亿立方米以上。（农业部、水利部牵头，发展改革委、国土资源部等参与）

加快农村环境综合整治。以县级行政区域为单元，实行农村污水处理统一规划、统一建设、统一管理，有条件的地区积极推进城镇污水处理设施和服务向农村延伸。深化"以奖促治"政策，实施农村清洁工程，开展河道清淤疏浚，推进农村环境连片整治。到2020年，新增完成环境综合整治的建制村13万个。（环境保护部牵头，住房城乡建设部、水利部、农业部等参与）

（四）加强船舶港口污染控制。积极治理船舶污染。依法强制报废超过使用年限的船舶。分类分级修订船舶及其设施、设备的相关环保标准。2018年起投入使用的沿海船舶、2021年起投入使用的内河船舶执行新的标准；其他船舶于2020年底前完成改造，经改造仍不能达到要求的，限期予以淘汰。航行于我国水域的国际航线船舶，要实施压载水交换或安装压载水灭活处理系统。规范拆船行为，禁止冲滩拆解。（交通运输部牵头，工业和信息化部、环境保护部、农业部、质检总局等参与）

增强港口码头污染防治能力。编制实施全国港口、码头、装卸站污染防治方案。加快垃圾接收、转运及处理处置设施建设，提高含油污水、化学品洗舱水等接收处置能力及污染事故应急能力。位于沿海和内河的港口、码头、装卸站及船舶修造厂，分别于2017年底前和2020年底前达到建设要求。港口、码头、装卸站的经营人应制定防治船舶及其有关活动污染水环境的应急计划。（交通运输部牵头，工业和信息化部、住房城乡建设部、农业部等参与）

二、推动经济结构转型升级

（五）调整产业结构。依法淘汰落后产能。自2015年起，各地要依据部分工业行业淘汰落后生产工艺装备和产品指导目录、产业结构调整指导目录及相关行业污染物排放标准，结合水质改善要求及产业发展情况，制定并实施分年度的落后产能淘汰方案，报工业和信息化部、环境保护部备案。未完成淘汰任务的地区，暂停审批和核准其相关行业新建项目。（工业和信息化部牵头，发展改革委、环境保护部等参与）

严格环境准入。根据流域水质目标和主体功能区规划要求，明确区域环境准入条件，细化功能分区，实施差别化环境准入政策。建立水资源、水环境承载能力监测评价体系，实行承载能力监测预警，已超过承载能力的地区要实施水污染物削减方案，加快调整发展规划和产业结构。到2020年，组织完成市、县域水资源、水环境承载能力现状评价。（环境保护部牵头，住房城乡建设部、水利部、海洋局等参与）

（六）优化空间布局。合理确定发展布局、结构和规模。充分考虑水资源、水环境承载能力，以水定城、以水定地、以水定人、以水定产。重大项目原则上布局在优化开发区和重点开发区，并符合城乡规划和土地利用总体规划。鼓励发展节水高效现代农业、低耗水高新技术产业以及生态保护型旅游业，严格控制缺水地区、水污染严重地区和敏感区域高耗水、高污染行业发展，新建、改建、扩建重点行业建设项目实行主要污染物排放减量置换。七大重点流域干流沿岸，要严格控制石油加工、化学原料和化学制品制造、医药制造、化学纤维制造、有色金属冶炼、纺织印染等项目环境风险，合理布局生产装置及危险化学品仓储等设施。（发展改革委、工业和信息化部牵头，国土资源部、环境保护部、住房城乡建设部、水利部等参与）

推动污染企业退出。城市建成区内现有钢铁、有色金属、造纸、印染、原料药制造、化工等污染较重的企业应有序搬迁改造或依法关闭。（工业和信息化部牵头，环境保护部等参与）

积极保护生态空间。严格城市规划蓝线管理，城市规划区范围内应保留一定比例的水域面积。新建项目一律不得违规占用水域。严格水域岸线用途管制，土地开发利用应按照有关法律法规和技术标准要求，留足河道、湖泊和滨海地带的管理和保护范围，非法挤占的应限期退出。（国土资源部、住房城乡建设部牵头，环境保护部、水利部、海洋局等参与）

（七）推进循环发展。加强工业水循环利用。推进矿井水综合利用，煤炭矿区的补充用水、周边地区生产和生态用水应优先使用矿井水，加强洗煤废水循环利用。鼓励钢铁、纺织印染、造纸、石油石化、化工、制革等高耗水企业废水深度处理回用。（发展改革委、工业和信息化部牵头，水利部、能源局等参与）

促进再生水利用。以缺水及水污染严重地区城市为重点，完善再生水利用设施，工业生产、城市绿化、道路清扫、车辆冲洗、建筑施工以及生态景观等用水，要优先使用再生水。推进高速公路服务区污水处理和利用。具备使用再生水条件但未充分利用的钢铁、火电、化工、制浆造纸、印染等项目，不得批准其新增取水许可。自 2018 年起，单体建筑面积超过 2 万平方米的新建公共建筑，北京市 2 万平方米、天津市 5 万平方米、河北省 10 万平方米以上集中新建的保障性住房，应安装建筑中水设施。积极推动其他新建住房安装建筑中水设施。到 2020 年，缺水城市再生水利用率达到 20%以上，京津冀区域达到 30%以上。（住房城乡建设部牵头，发展改革委、工业和信息化部、环境保护部、交通运输部、水利部等参与）

推动海水利用。在沿海地区电力、化工、石化等行业，推行直接利用海水作为循环冷却等工业用水。在有条件的城市，加快推进淡化海水作为生活用水补充水源。（发展改革委牵头，工业和信息化部、住房城乡建设部、水利部、海洋局等参与）

三、着力节约保护水资源

（八）控制用水总量。实施最严格水资源管理。健全取用水总量控制指标体系。加强相关规划和项目建设布局水资源论证工作，国民经济和社会发展规划以及城市总体规划的编制、重大建设项目的布局，应充分考虑当地水资源条件和防洪要求。对取用水总量已达到或超过控制指标的地区，暂停审批其建设项目新增取水许可。对纳入取水许可管理的单位和其他用水大户实行计划用水管理。新建、改建、扩建项目用水要达到行业先进水平，节水设施应与主体工程同时设计、同时施工、同时投运。建立重点监控用水单位名录。到 2020 年，全国用水总量控制在 6700 亿立方米以内。（水利部牵头，发展改革委、工业和信息化部、住房城乡建设部、农业部等参与）

严控地下水超采。在地面沉降、地裂缝、岩溶塌陷等地质灾害易发区开发利用地下水，应进行地质灾害危险性评估。严格控制开采深层承压水，地热水、矿泉水开发应严格实行取水许可和采矿许可。依法规范机井建设管理，排查登记已建机井，未经批准的和公共供水管网覆盖范围内的自备水井，一律予以关闭。编制地面沉降区、海水入侵区等区域地下水压采方案。开展华北地下水超采区综合治理，超采区内禁止工农业生产及服务业新增取用地下水。京津冀区域实施土地整治、农业开发、扶贫等农业基础设施项目，不得以配套打井为条件。2017 年底前，完成地下水禁采区、限采区和地面沉降控制区范围划定工作，京津冀、长三角、珠三角等区域提前一年完成。（水利部、国土资源部牵头，发展改革委、工业和信息化部、财政部、住房城乡建设部、农业部等参与）

（九）提高用水效率。建立万元国内生产总值水耗指标等用水效率评估体系，把节水目标任务完成情况纳入地方政府政绩考核。将再生水、雨水和微咸水等非常规水源纳入水资源统一配置。到 2020 年，全国万元国内生产总值用水量、万元工业增加值用水量比 2013 年分别下降 35%、30%以上。（水利部牵头，发展改革委、工业和信息化部、住房城乡建设部等参与）

抓好工业节水。制定国家鼓励和淘汰的用水技术、工艺、产品和设备目录，完善高耗水行业取用水定额标准。开展节水诊断、水平衡测试、用水效率评估，严格用水定额管理。到 2020 年，电力、钢铁、纺织、造纸、石油石化、化工、食品发酵等高耗水行业达到先进定额标准。（工业和信息化部、水利部牵头，发展改革委、住房城乡建设部、质检总局等参与）

加强城镇节水。禁止生产、销售不符合节水标准的产品、设备。公共建筑必须采用节水器具，限期淘汰公共建筑中不符合节水标准的水嘴、便器水箱等生活用水器具。鼓励居民家庭选用节水器具。对使用超过 50 年和材质落后的供水管网进行更新改造，到 2017 年，全国公共供水管网漏损率控制在 12%以内；到

2020年，控制在10%以内。积极推行低影响开发建设模式，建设滞、渗、蓄、用、排相结合的雨水收集利用设施。新建城区硬化地面，可渗透面积要达到40%以上。到2020年，地级及以上缺水城市全部达到国家节水型城市标准要求，京津冀、长三角、珠三角等区域提前一年完成。(住房城乡建设部牵头，发展改革委、工业和信息化部、水利部、质检总局等参与)

发展农业节水。推广渠道防渗、管道输水、喷灌、微灌等节水灌溉技术，完善灌溉用水计量设施。在东北、西北、黄淮海等区域，推进规模化高效节水灌溉，推广农作物节水抗旱技术。到2020年，大型灌区、重点中型灌区续建配套和节水改造任务基本完成，全国节水灌溉工程面积达到7亿亩左右，农田灌溉水有效利用系数达到0.55以上。(水利部、农业部牵头，发展改革委、财政部等参与)

(十) 科学保护水资源。完善水资源保护考核评价体系。加强水功能区监督管理，从严核定水域纳污能力。(水利部牵头，发展改革委、环境保护部等参与)

加强江河湖库水量调度管理。完善水量调度方案。采取闸坝联合调度、生态补水等措施，合理安排闸坝下泄水量和泄流时段，维持河湖基本生态用水需求，重点保障枯水期生态基流。加大水利工程建设力度，发挥好控制性水利工程在改善水质中的作用。(水利部牵头，环境保护部参与)

科学确定生态流量。在黄河、淮河等流域进行试点，分期分批确定生态流量(水位)，作为流域水量调度的重要参考。(水利部牵头，环境保护部参与)

四、强化科技支撑

(十一) 推广示范适用技术。加快技术成果推广应用，重点推广饮用水净化、节水、水污染治理及循环利用、城市雨水收集利用、再生水安全回用、水生态修复、畜禽养殖污染防治等适用技术。完善环保技术评价体系，加强国家环保科技成果共享平台建设，推动技术成果共享与转化。发挥企业的技术创新主体作用，推动水处理重点企业与科研院所、高等学校组建产学研技术创新战略联盟，示范推广控源减排和清洁生产先进技术。(科技部牵头，发展改革委、工业和信息化部、环境保护部、住房城乡建设部、水利部、农业部、海洋局等参与)

(十二) 攻关研发前瞻技术。整合科技资源，通过相关国家科技计划（专项、基金）等，加快研发重点行业废水深度处理、生活污水低成本高标准处理、海水淡化和工业高盐废水脱盐、饮用水微量有毒污染物处理、地下水污染修复、危险化学品事故和水上溢油应急处置等技术。开展有机物和重金属等水环境基准、水污染对人体健康影响、新型污染物风险评价、水环境损害评估、高品质再生水补充饮用水水源等研究。加强水生态保护、农业面源污染防治、水环境监控预警、水处理工艺技术装备等领域的国际交流合作。(科技部牵头，发展改革委、

工业和信息化部、国土资源部、环境保护部、住房城乡建设部、水利部、农业部、卫生计生委等参与）

（十三）大力发展环保产业。规范环保产业市场。对涉及环保市场准入、经营行为规范的法规、规章和规定进行全面梳理，废止妨碍形成全国统一环保市场和公平竞争的规定和做法。健全环保工程设计、建设、运营等领域招投标管理办法和技术标准。推进先进适用的节水、治污、修复技术和装备产业化发展。（发展改革委牵头，科技部、工业和信息化部、财政部、环境保护部、住房城乡建设部、水利部、海洋局等参与）

加快发展环保服务业。明确监管部门、排污企业和环保服务公司的责任和义务，完善风险分担、履约保障等机制。鼓励发展包括系统设计、设备成套、工程施工、调试运行、维护管理的环保服务总承包模式、政府和社会资本合作模式等。以污水、垃圾处理和工业园区为重点，推行环境污染第三方治理。（发展改革委、财政部牵头，科技部、工业和信息化部、环境保护部、住房城乡建设部等参与）

五、充分发挥市场机制作用

（十四）理顺价格税费。加快水价改革。县级及以上城市应于2015年底前全面实行居民阶梯水价制度，具备条件的建制镇也要积极推进。2020年底前，全面实行非居民用水超定额、超计划累进加价制度。深入推进农业水价综合改革。（发展改革委牵头，财政部、住房城乡建设部、水利部、农业部等参与）

完善收费政策。修订城镇污水处理费、排污费、水资源费征收管理办法，合理提高征收标准，做到应收尽收。城镇污水处理收费标准不应低于污水处理和污泥处理处置成本。地下水水资源费征收标准应高于地表水，超采地区地下水水资源费征收标准应高于非超采地区。（发展改革委、财政部牵头，环境保护部、住房城乡建设部、水利部等参与）

健全税收政策。依法落实环境保护、节能节水、资源综合利用等方面税收优惠政策。对国内企业为生产国家支持发展的大型环保设备，必须进口的关键零部件及原材料，免征关税。加快推进环境保护税立法、资源税税费改革等工作。研究将部分高耗能、高污染产品纳入消费税征收范围。（财政部、税务总局牵头，发展改革委、工业和信息化部、商务部、海关总署、质检总局等参与）

（十五）促进多元融资。引导社会资本投入。积极推动设立融资担保基金，推进环保设备融资租赁业务发展。推广股权、项目收益权、特许经营权、排污权等质押融资担保。采取环境绩效合同服务、授予开发经营权益等方式，鼓励社会资本加大水环境保护投入。（人民银行、发展改革委、财政部牵头，环境保护部、住房城乡建设部、银监会、证监会、保监会等参与）

增加政府资金投入。中央财政加大对属于中央事权的水环境保护项目支持力度，合理承担部分属于中央和地方共同事权的水环境保护项目，向欠发达地区和重点地区倾斜；研究采取专项转移支付等方式，实施“以奖代补”。地方各级人民政府要重点支持污水处理、污泥处理处置、河道整治、饮用水水源保护、畜禽养殖污染防治、水生态修复、应急清污等项目和工作。对环境监管能力建设及运行费用分级予以必要保障。（财政部牵头，发展改革委、环境保护部等参与）

（十六）建立激励机制。健全节水环保“领跑者”制度。鼓励节能减排先进企业、工业集聚区用水效率、排污强度等达到更高标准，支持开展清洁生产、节约用水和污染治理等示范。（发展改革委牵头，工业和信息化部、财政部、环境保护部、住房城乡建设部、水利部等参与）

推行绿色信贷。积极发挥政策性银行等金融机构在水环境保护中的作用，重点支持循环经济、污水处理、水资源节约、水生态环境保护、清洁及可再生能源利用等领域。严格限制环境违法企业贷款。加强环境信用体系建设，构建守信激励与失信惩戒机制，环保、银行、证券、保险等方面要加强协作联动，于 2017 年底前分级建立企业环境信用评价体系。鼓励涉重金属、石油化工、危险化学品运输等高环境风险行业投保环境污染责任保险。（人民银行牵头，工业和信息化部、环境保护部、水利部、银监会、证监会、保监会等参与）

实施跨界水环境补偿。探索采取横向资金补助、对口援助、产业转移等方式，建立跨界水环境补偿机制，开展补偿试点。深化排污权有偿使用和交易试点。（财政部牵头，发展改革委、环境保护部、水利部等参与）

六、严格环境执法监管

（十七）完善法规标准。健全法律法规。加快水污染防治、海洋环境保护、排污许可、化学品环境管理等法律法规制修订步伐，研究制定环境质量目标管理、环境功能区划、节水及循环利用、饮用水水源保护、污染责任保险、水功能区监督管理、地下水管理、环境监测、生态流量保障、船舶和陆源污染防治等法律法规。各地可结合实际，研究起草地方性水污染防治法规。（法制办牵头，发展改革委、工业和信息化部、国土资源部、环境保护部、住房城乡建设部、交通运输部、水利部、农业部、卫生计生委、保监会、海洋局等参与）

完善标准体系。制修订地下水、地表水和海洋等环境质量标准，城镇污水处理、污泥处理处置、农田退水等污染物排放标准。健全重点行业水污染物特别排放限值、污染防治技术政策和清洁生产评价指标体系。各地可制定严于国家标准的地方水污染物排放标准。（环境保护部牵头，发展改革委、工业和信息化部、国土资源部、住房城乡建设部、水利部、农业部、质检总局等参与）

（十八）加大执法力度。所有排污单位必须依法实现全面达标排放。逐一排查工业企业排污情况，达标企业应采取措施确保稳定达标；对超标和超总量的企业予以“黄牌”警示，一律限制生产或停产整治；对整治仍不能达到要求且情节严重的企业予以“红牌”处罚，一律停业、关闭。自2016年起，定期公布环保“黄牌”“红牌”企业名单。定期抽查排污单位达标排放情况，结果向社会公布。（环境保护部负责）

完善国家督查、省级巡查、地市检查的环境监督执法机制，强化环保、公安、监察等部门和单位协作，健全行政执法与刑事司法衔接配合机制，完善案件移送、受理、立案、通报等规定。加强对地方人民政府和有关部门环保工作的监督，研究建立国家环境监察专员制度。（环境保护部牵头，工业和信息化部、公安部、中央编办等参与）

严厉打击环境违法行为。重点打击私设暗管或利用渗井、渗坑、溶洞排放、倾倒含有毒有害污染物废水、含病原体污水，监测数据弄虚作假，不正常使用水污染物处理设施，或者未经批准拆除、闲置水污染物处理设施等环境违法行为。对造成生态损害的责任者严格落实赔偿制度。严肃查处建设项目环境影响评价领域越权审批、未批先建、边批边建、久试不验等违法违规行为。对构成犯罪的，要依法追究刑事责任。（环境保护部牵头，公安部、住房城乡建设部等参与）

（十九）提升监管水平。完善流域协作机制。健全跨部门、区域、流域、海域水环境保护议事协调机制，发挥环境保护区域督查派出机构和流域水资源保护机构作用，探索建立陆海统筹的生态系统保护修复机制。流域上下游各级政府、各部门之间要加强协调配合、定期会商，实施联合监测、联合执法、应急联动、信息共享。京津冀、长三角、珠三角等区域要于2015年底前建立水污染防治联动协作机制。建立严格监管所有污染物排放的水环境保护管理制度。（环境保护部牵头，交通运输部、水利部、农业部、海洋局等参与）

完善水环境监测网络。统一规划设置监测断面（点位）。提升饮用水水源水质全指标监测、水生生物监测、地下水环境监测、化学物质监测及环境风险防控技术支撑能力。2017年底前，京津冀、长三角、珠三角等区域、海域建成统一的水环境监测网。（环境保护部牵头，发展改革委、国土资源部、住房城乡建设部、交通运输部、水利部、农业部、海洋局等参与）

提高环境监管能力。加强环境监测、环境监察、环境应急等专业技术培训，严格落实执法、监测等人员持证上岗制度，加强基层环保执法力量，具备条件的乡镇（街道）及工业园区要配备必要的环境监管力量。各市、县应自2016年起实行环境监管网格化管理。（环境保护部负责）

七、切实加强水环境管理

（二十）强化环境质量目标管理。明确各类水体水质保护目标，逐一排查达标状况。未达到水质目标要求的地区要制定达标方案，将治污任务逐一落实到汇水范围内的排污单位，明确防治措施及达标时限，方案报上一级人民政府备案，自2016年起，定期向社会公布。对水质不达标的区域实施挂牌督办，必要时采取区域限批等措施。（环境保护部牵头，水利部参与）

（二十一）深化污染物排放总量控制。完善污染物统计监测体系，将工业、城镇生活、农业、移动源等各类污染源纳入调查范围。选择对水环境质量有突出影响的总氮、总磷、重金属等污染物，研究纳入流域、区域污染物排放总量控制约束性指标体系。（环境保护部牵头，发展改革委、工业和信息化部、住房城乡建设部、水利部、农业部等参与）

（二十二）严格环境风险控制。防范环境风险。定期评估沿江河湖库工业企业、工业集聚区环境和健康风险，落实防控措施。评估现有化学物质环境和健康风险，2017年底前公布优先控制化学品名录，对高风险化学品生产、使用进行严格限制，并逐步淘汰替代。（环境保护部牵头，工业和信息化部、卫生计生委、安全监管总局等参与）

稳妥处置突发水环境污染事件。地方各级人民政府要制定和完善水污染事故处置应急预案，落实责任主体，明确预警预报与响应程序、应急处置及保障措施等内容，依法及时公布预警信息。（环境保护部牵头，住房城乡建设部、水利部、农业部、卫生计生委等参与）

（二十三）全面推行排污许可。依法核发排污许可证。2015年底前，完成国控重点污染源及排污权有偿使用和交易试点地区污染源排污许可证的核发工作，其他污染源于2017年底前完成。（环境保护部负责）

加强许可证管理。以改善水质、防范环境风险为目标，将污染物排放种类、浓度、总量、排放去向等纳入许可证管理范围。禁止无证排污或不按许可证规定排污。强化海上排污监管，研究建立海上污染排放许可证制度。2017年底前，完成全国排污许可证管理信息平台建设。（环境保护部牵头，海洋局参与）

八、全力保障水生态环境安全

（二十四）保障饮用水水源安全。从水源到水龙头全过程监管饮用水安全。地方各级人民政府及供水单位应定期监测、检测和评估本行政区域内饮用水水源、供水厂出水和用户水龙头水质等饮水安全状况，地级及以上城市自2016年起每季度向社会公开。自2018年起，所有县级及以上城市饮水安全状况信息都要向社会公开。（环境保护部牵头，发展改革委、财政部、住房城乡建设部、水利部、卫生计生委等参与）

强化饮用水水源环境保护。开展饮用水水源规范化建设，依法清理饮用水水源保护区内违法建筑和排污口。单一水源供水的地级及以上城市应于2020年底前基本完成备用水源或应急水源建设，有条件的地方可以适当提前。加强农村饮用水水源保护和水质检测。（环境保护部牵头，发展改革委、财政部、住房城乡建设部、水利部、卫生计生委等参与）

防治地下水污染。定期调查评估集中式地下水型饮用水水源补给区等区域环境状况。石化生产存贮销售企业和工业园区、矿山开采区、垃圾填埋场等区域应进行必要的防渗处理。加油站地下油罐应于2017年底前全部更新为双层罐或完成防渗池设置。报废矿井、钻井、取水井应实施封井回填。公布京津冀等区域内环境风险大、严重影响公众健康的地下水污染场地清单，开展修复试点。（环境保护部牵头，财政部、国土资源部、住房城乡建设部、水利部、商务部等参与）

（二十五）深化重点流域污染防治。编制实施七大重点流域水污染防治规划。研究建立流域水生态环境功能分区管理体系。对化学需氧量、氨氮、总磷、重金属及其他影响人体健康的污染物采取针对性措施，加大整治力度。汇入富营养化湖库的河流应实施总氮排放控制。到2020年，长江、珠江总体水质达到优良，松花江、黄河、淮河、辽河在轻度污染基础上进一步改善，海河污染程度得到缓解。三峡库区水质保持良好，南水北调、引滦入津等调水工程确保水质安全。太湖、巢湖、滇池富营养化水平有所好转。白洋淀、乌梁素海、呼伦湖、艾比湖等湖泊污染程度减轻。环境容量较小、生态环境脆弱，环境风险高的地区，应执行水污染物特别排放限值。各地可根据水环境质量改善需要，扩大特别排放限值实施范围。（环境保护部牵头，发展改革委、工业和信息化部、财政部、住房城乡建设部、水利部等参与）

加强良好水体保护。对江河源头及现状水质达到或优于Ⅲ类的江河湖库开展生态环境安全评估，制定实施生态环境保护方案。东江、滦河、千岛湖、南四湖等流域于2017年底前完成。浙闽片河流、西南诸河、西北诸河及跨界水体水质保持稳定。（环境保护部牵头，外交部、发展改革委、财政部、水利部、林业局等参与）

（二十六）加强近岸海域环境保护。实施近岸海域污染防治方案。重点整治黄河口、长江口、闽江口、珠江口、辽东湾、渤海湾、胶州湾、杭州湾、北部湾等河口海湾污染。沿海地级及以上城市实施总氮排放总量控制。研究建立重点海域排污总量控制制度。规范入海排污口设置，2017年底前全面清理非法或设置不合理的入海排污口。到2020年，沿海省（区、市）入海河流基本消除劣于Ⅴ类的水体。提高涉海项目准入门槛。（环境保护部、海洋局牵头，发展改革委、工业和信息化部、财政部、住房城乡建设部、交通运输部、农业部等参与）

推进生态健康养殖。在重点河湖及近岸海域划定限制养殖区。实施水产养殖池塘、近海养殖网箱标准化改造，鼓励有条件的渔业企业开展海洋离岸养殖和集约化养殖。积极推广人工配合饲料，逐步减少冰鲜杂鱼饲料使用。加强养殖投入品管理，依法规范、限制使用抗生素等化学药品，开展专项整治。到2015年，海水养殖面积控制在220万公顷左右。（农业部负责）

严格控制环境激素类化学品污染。2017年底前完成环境激素类化学品生产使用情况调查，监控评估水源地、农产品种植区及水产品集中养殖区风险，实施环境激素类化学品淘汰、限制、替代等措施。（环境保护部牵头，工业和信息化部、农业部等参与）

（二十七）整治城市黑臭水体。采取控源截污、垃圾清理、清淤疏浚、生态修复等措施，加大黑臭水体治理力度，每半年向社会公布治理情况。地级及以上城市建成区应于2015年底前完成水体排查，公布黑臭水体名称、责任人及达标期限；于2017年底前实现河面无大面积漂浮物，河岸无垃圾，无违法排污口；于2020年底前完成黑臭水体治理目标。直辖市、省会城市、计划单列市建成区要于2017年底前基本消除黑臭水体。（住房城乡建设部牵头，环境保护部、水利部、农业部等参与）

（二十八）保护水和湿地生态系统。加强河湖水生态保护，科学划定生态保护红线。禁止侵占自然湿地等水源涵养空间，已侵占的要限期予以恢复。强化水源涵养林建设与保护，开展湿地保护与修复，加大退耕还林、还草、还湿力度。加强滨河（湖）带生态建设，在河道两侧建设植被缓冲带和隔离带。加大水生野生动植物类自然保护区和水产种质资源保护区保护力度，开展珍稀濒危水生生物和重要水产种质资源的就地和迁地保护，提高水生生物多样性。2017年底前，制定实施七大重点流域水生生物多样性保护方案。（环境保护部、林业局牵头，财政部、国土资源部、住房城乡建设部、水利部、农业部等参与）

保护海洋生态。加大红树林、珊瑚礁、海草床等滨海湿地、河口和海湾典型生态系统，以及产卵场、索饵场、越冬场、洄游通道等重要渔业水域的保护力度，实施增殖放流，建设人工鱼礁。开展海洋生态补偿及赔偿等研究，实施海洋生态修复。认真执行围填海管制计划，严格围填海管理和监督，重点海湾、海洋自然保护区的核心区及缓冲区、海洋特别保护区的重点保护区及预留区、重点河口区域、重要滨海湿地区域、重要砂质岸线及沙源保护海域、特殊保护海岛及重要渔业海域禁止实施围填海，生态脆弱敏感区、自净能力差的海域严格限制围填海。严肃查处违法围填海行为，追究相关人员责任。将自然海岸线保护纳入沿海地方政府政绩考核。到2020年，全国自然岸线保有率不低于35%（不包括海岛岸线）。（环境保护部、海洋局牵头，发展改革委、财政部、农业部、林业局等参与）

九、明确和落实各方责任

（二十九）强化地方政府水环境保护责任。各级地方人民政府是实施本行动计划的主体，要于2015年底前分别制定并公布水污染防治工作方案，逐年确定分流域、分区域、分行业的重点任务和年度目标。要不断完善政策措施，加大资金投入，统筹城乡水污染治理，强化监管，确保各项任务全面完成。各省（区、市）工作方案报国务院备案。（环境保护部牵头，发展改革委、财政部、住房城乡建设部、水利部等参与）

（三十）加强部门协调联动。建立全国水污染防治工作协作机制，定期研究解决重大问题。各有关部门要认真按照职责分工，切实做好水污染防治相关工作。环境保护部要加强统一指导、协调和监督，工作进展及时向国务院报告。（环境保护部牵头，发展改革委、科技部、工业和信息化部、财政部、住房城乡建设部、水利部、农业部、海洋局等参与）

（三十一）落实排污单位主体责任。各类排污单位要严格执行环保法律法规和制度，加强污染治理设施建设和运行管理，开展自行监测，落实治污减排、环境风险防范等责任。中央企业和国有企业要带头落实，工业集聚区内的企业要探索建立环保自律机制。（环境保护部牵头，国资委参与）

（三十二）严格目标任务考核。国务院与各省（区、市）人民政府签订水污染防治目标责任书，分解落实目标任务，切实落实“一岗双责”。每年分流域、分区域、分海域对行动计划实施情况进行考核，考核结果向社会公布，并作为对领导班子和领导干部综合考核评价的重要依据。（环境保护部牵头，中央组织部参与）

将考核结果作为水污染防治相关资金分配的参考依据。（财政部、发展改革委牵头，环境保护部参与）

对未通过年度考核的，要约谈省级人民政府及其相关部门有关负责人，提出整改意见，予以督促；对有关地区和企业实施建设项目环评限批。对因工作不力、履职缺位等导致未能有效应对水环境污染事件的，以及干预、伪造数据和没有完成年度目标任务的，要依法依纪追究有关单位和人员责任。对不顾生态环境盲目决策，导致水环境质量恶化，造成严重后果的领导干部，要记录在案，视情节轻重，给予组织处理或党纪政纪处分，已经离任的也要终身追究责任。（环境保护部牵头，监察部参与）

十、强化公众参与和社会监督

（三十三）依法公开环境信息。综合考虑水环境质量及达标情况等因素，国家每年公布最差、最好的10个城市名单和各省（区、市）水环境状况。对水环境状况差的城市，经整改后仍达不到要求的，取消其环境保护模范城市、生态文明建设示范区、节水型城市、园林城市、卫生城市等荣誉称号，并向社会公告。（环境保护部牵头，发展改革委、住房城乡建设部、水利部、卫生计生委、海洋

局等参与）

各省（区、市）人民政府要定期公布本行政区域内各地级市（州、盟）水环境质量状况。国家确定的重点排污单位应依法向社会公开其产生的主要污染物名称、排放方式、排放浓度和总量、超标排放情况，以及污染防治设施的建设和运行情况，主动接受监督。研究发布工业集聚区环境友好指数、重点行业污染物排放强度、城市环境友好指数等信息。（环境保护部牵头，发展改革委、工业和信息化部等参与）

（三十四）加强社会监督。为公众、社会组织提供水污染防治法规培训和咨询，邀请其全程参与重要环保执法行动和重大水污染事件调查。公开曝光环境违法典型案件。健全举报制度，充分发挥“12369”环保举报热线和网络平台作用。限期办理群众举报投诉的环境问题，一经查实，可给予举报人奖励。通过公开听证、网络征集等形式，充分听取公众对重大决策和建设项目的意见。积极推行环境公益诉讼。（环境保护部负责）

（三十五）构建全民行动格局。树立“节水洁水，人人有责”的行为准则。加强宣传教育，把水资源、水环境保护和水情知识纳入国民教育体系，提高公众对经济社会发展和环境保护客观规律的认识。依托全国中小学节水教育、水土保持教育、环境教育等社会实践基地，开展环保社会实践活动。支持民间环保机构、志愿者开展工作。倡导绿色消费新风尚，开展环保社区、学校、家庭等群众性创建活动，推动节约用水，鼓励购买使用节水产品和环境标志产品。（环境保护部牵头，教育部、住房城乡建设部、水利部等参与）

我国正处于新型工业化、信息化、城镇化和农业现代化快速发展阶段，水污染防治任务繁重艰巨。各地区、各有关部门要切实处理好经济社会发展和生态文明建设的关系，按照“地方履行属地责任、部门强化行业管理”的要求，明确执法主体和责任主体，做到各司其职，恪尽职守，突出重点，综合整治，务求实效，以抓铁有痕、踏石留印的精神，依法依规狠抓贯彻落实，确保全国水环境治理与保护目标如期实现，为实现“两个一百年”奋斗目标和中华民族伟大复兴中国梦做出贡献。

参考文献

[1] 郑小明，舒诗湖．城乡统筹集约化供水的实践与思考［J］．净水技术，2011，30（06）：82-85.

[2] 陈彤．张立尖．上海郊区集约化供水模式的实践与管理［J］．净水技术．2017，36（6），107-112.

[3] 王炜晨．关于上海郊区集约化供水管网改造的几点思考［J］．上海水务．2017.33（2）．60-62.

[4] 陈祎．小城镇的供水体制：现状、问题与对策——基于浙江省的个案研究［D］．杭州：浙江大学，2011.

[5] 刘思远，基于水质保障的城乡一体化供水系统改建优化研究［D］．杭州：浙江大学，2011.

[6] 严煦世，范瑾初（第四版）．给水工程［M］．中国建筑工业出版社，1999：20-30.

[7] 曾加友．双流县供水工程城乡一体化问题研究［D］．西南交通大学，2015.

[8] 季勇，乐平市城乡一体化管理研究［D］．南昌：南昌大学，2015.

[9] 夏益杰，基于城乡一体化管理的浙江省水务管理体制改革研究［D］．杭州：浙江大学，2009.

[10] 孙建华，艾海男，颜文涛，等．我国区域供水研究进展及存在问题思考［J］．中国农村水利水电，2010（11）：88-91.

[11] 王志君，薛国昌．推进城乡供水一体化的思考［J］．交通与港航，2007，21（5）：21-22.

[12] 王阿华．区域供水规划若干问题的思考［J］．城镇供水，2007（6）：29-31.

[13] 顾军明．苏、锡、常区域供水问题讨论［J］．中国给水排水，2000，16（5）：23-25.

[14] 杨亚伦，戴梅．农村饮水安全城乡一体化供水工程规划设计［J］．水科学与工程技术，2017（5）：42-45.

[15] 蔡人欢．城乡供水一体化方案探究［J］．科技资讯，2012（31）：24-26.

[16] 何维华，钟泽斌．区域性供水模式的研究［J］．给水排水，1998（2）：11-14.

[17] 安徽省水利水电勘测设计院．芜湖市水资源综合规划报告（2010~2030 年）［R］. 2010.

[18] 中铁城市规划设计研究院有限公司．芜湖市给水工程专项规划（2012 ~ 2030 年）［Z］. 2012.

[19] 芜湖市水文水资源局．芜湖市给水工程规划水源条件分析报告［R］. 2007.

[20] 李芳．我国城乡统筹发展现状及趋势［J］．中外企业家，2014（7Z）：22-25.

[21] 周鑫根．浙江省城乡一体化供水体系规划研究［J］．给水排水，2006，32（11）：31-33.

[22] 曹静．城乡一体化供排水系统规划研究［D］．浙江大学，2006.

[23] 黄先锋．城乡供水一体化建设规划探究［J］．中国市场，2015（22）：280-281.

[24] 中华人民共和国生态环境部．饮用水水源保护区污染防治管理规定［S］．1989.

[25] 刘思远．基于水质保障的城乡一体化供水系统改建优化研究［D］．浙江大学，2011.

[26] 吕存阵，信昆仑，陶涛．南方丘陵地区城乡一体化供水管网规划研究［J］．给水排水，2010，36（2）：107-110.

[27] 杨建新．大口径输水工程管材的选择［J］．供水技术，2016，10（6）：59-61.

[28] 上海市建设和交通委员会．室外给水设计规范［M］．中国计划出版社，2006.
[29] 何远通．长距离输水工程的有关问题探讨［J］．浙江水利科技，2008（3）：29-30.
[30] 王圣．上海市小区给水管网漏损分析及分区计量管理研究［D］．哈尔滨工业大学，2017.
[31] 王丽娟．城市供水管网漏损控制研究［D］．天津大学，2009.
[32] 陆韬，刘燕，李佳，等．我国供水管网漏损现状及控制措施研究［J］．复旦学报（自然科学版），2013，52（6）：807-810.
[33] 路文丽．给水管网漏水量分析与动态模拟计算方法研究［D］．同济大学，2007.
[34] 王五平，Jack，Elliott. 大口径输水管道自由浮游式检漏系统［J］．给水排水，2009，35（7）：114-116.
[35] 刘保川．供水管网系统漏失分析与模型研究［D］．哈尔滨工业大学，2009.
[36] 陈静，彭利华．浅析区域供水管网漏损控制［J］．河北软件职业技术学院学报，2009，11（1）：72-74.
[37] 覃炫．供水管网漏损预测及健康度评价［D］．湖南大学，2009.
[38] 唐耀明．浅谈给水管网漏损预测的研究与应用［J］．低碳世界，2018（6）：70.
[49] 贾辉．城市供水管网渗漏水力特性研究［D］．天津大学，2008.
[40] 王毅堂．管网检漏及相关测漏技术的理论与应用［J］．今日科苑，2009（14）：44.
[41] 王富东，王宇，刘西涛，等．地下供水管网漏水检测技术现状及发展趋势［J］．甘肃科技，2012，28（13）：57-58.
[42] 文静．供水管网泄漏检测定位中的信号处理研究［D］．重庆大学，2007.
[43] 杜玉华．供水管道检漏技术及维修研讨［J］．华章，2012（16）：356.
[44] 杨浩，基于供水管网离线流量数据处理定位漏失研究［D］．哈尔滨，哈尔滨工业大学，2016.
[45] 舒诗湖，超大城市供水管网分区计量［J］．城乡建设，2017，17：9-11
[46] 王菲．城市供水管网漏损控制技术研究［D］．太原：太原理工大学，2010.
[47] 郑小明，赵洪宾，赵明，舒诗湖．管网区块化理念在城乡集约化供水中的实践［J］．城镇供水，2012，2（3）：96-98.
[48] 徐强，供水管网漏损控制研究进展［J］．中国给水排水，2012，28（24）：5-9.
[49] 王婷婷，供水管网系统 DMA 分区流量数据聚类分析研究［D］．哈尔滨．哈尔滨工业大学．2017.
[50] 赵洪宾，李欣，赵明．给水管道卫生学［M］．北京：中国建筑工业出版社，2008.
[51] 李运长．管道清洗新技术-气脉冲清洗法在供水供热管网中的应用［J］．黑龙江水利科技，2006，34（4）：227.
[52] 丁玉海，宋安坤，尚教庆，等．气水脉冲冲洗技术在大口径管线中的应用［J］．哈尔滨商业大学学报（自然科学版），2007，23（4）：424-426，434.
[53] 刘从胜．基于水锤和气压脉冲的管道冲洗试验研究［D］．哈尔滨：哈尔滨工业大学．2009：28-31.
[54] 刘海星．给水管道气压脉冲法清洗试验与数值模拟［D］．西安：长安大学，2010：46-52.
[55] 王彤，张玉杰，赵明，等．气水脉冲在大口径管道清洗中的应用［J］．城镇供水（增

刊），2011：93-96.
[56] 韩晓曦．给水管道多相流冲洗技术的研究及应用［D］．哈尔滨：哈尔滨工业大学，2012：32-36.
[57] 张玉杰．给水管道填料气水脉冲清洗试验研究［D］．西安：长安大学，2012：46-51.
[58] 乐嘉维．供水信息化系统在奉贤集约化供水中的应用［J］．上海水务，2008（02）：52-56.
[59] 安淑萍．城乡集约化模式下上海奉贤区供水智慧管理系统的研究［D］．哈尔滨工业大学，2016.
[60] 陈丽艳．供水系统信息化建设的应用与思考［J］．供水技术，2017，11（04）：59-61.
[61] 夏庆祥．供水企业信息化建设与系统应用集成探讨［J］．合作经济与科技，2012（12）：118-119.
[62] 袁文麒，郑小明，徐兆凯，等．区域供水管网 DMA 规划方案研究［J］．给水排水，2012，38（7）：98-102.